el libro de la
magnetoterapia

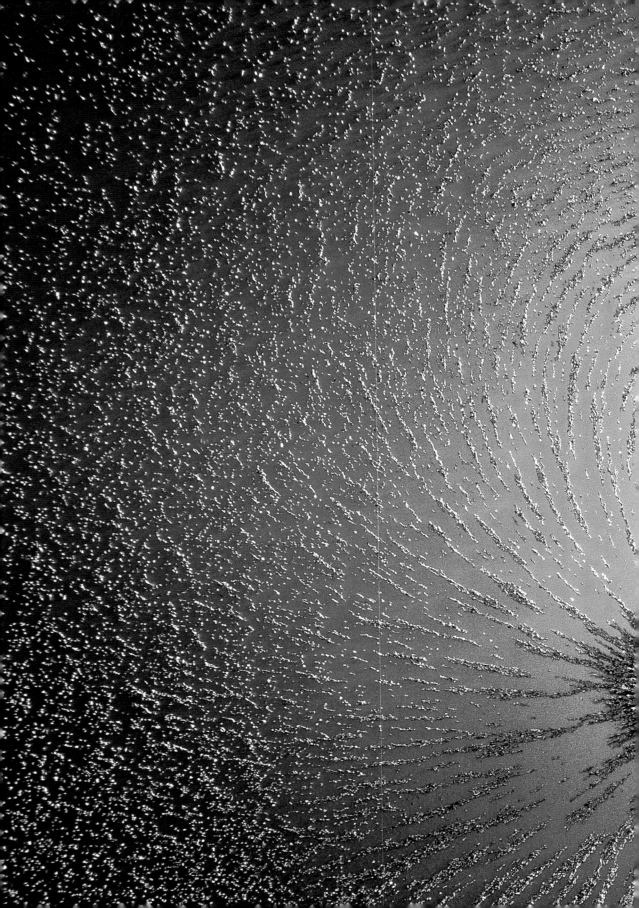

el libro de la
magnetoterapia

Roger Coghill

editorial Sirio, s.a.

Ilustraciones: David Newton and Liz Couldwell
Fotografías: Adrian Swift

Título original: THE BOOK OF MAGNET HEALING
Traducido del inglés por Gustavo Pelcastre Ortega

©   de la presente edición
    EDITORIAL SIRIO, S.A.   Ed. Sirio Argentina
    C/ Panaderos, 9   C/ Castillo, 540
    29005-Málaga   1414-Buenos Aires (Argentina)
    E-Mail: edsirio@vnet.es

ISBN 84-7808-372-3

Impreso en Singapur por Kyodo Printing

Nota:
Las técnicas y tratamientos expuestos en este libro serán utilizados bajo su responsabilidad. En ningún momento ni la editorial ni el autor se hacen responsables de ninguna consecuencia directa o indirecta que pueda resultar de las acciones realizadas por cualquier lector o lectora. Observar siempre las precauciones y consultar al médico en caso de duda.

Índice

↘

36 capítulo dos
su salud magnética

↘

↘

prólogo del autor

Actualmente se están realizando numerosas investigaciones para dilucidar los beneficios y los alcances de la magnetoterapia como método terapéutico complementario y no invasivo. Decenas de miles de personas en todo el mundo descubren cada año los beneficios de esta poderosa terapia y sus comentarios con respecto a los favorables resultados de los tratamientos con imanes están contribuyendo a popularizarla y a estimular nuevas investigaciones.

El siglo XX ha sido testigo de importantes avances en la medicina, en el cuidado de la salud, y en los instrumentos para el pronto diagnóstico de las enfermedades. Flagelos como la viruela fueron erradicados en todo el mundo; gracias a los programas de vacunación ha sido posible poner coto a enfermedades infecciosas anteriormente muy comunes como la varicela, la polio y las paperas. En los países industrializados, medicamentos como los bloqueadores beta para las cardiopatías han aumentado la esperanza de vida y, al mismo tiempo, los índices de mortalidad infantil han disminuido de manera drástica.

En el campo de la cirugía, los avances no han sido menos importantes. Una mejor comprensión de la inmunología ha hecho que el transplante de órganos, el reemplazo de cadera y la tecnología de implantación y derivación cardiaca sean asuntos cotidianos. La profesión médica tiene razones de sobra para felicitarse a sí misma.

No obstante, la perspectiva no es del todo halagüeña. En el mundo occidental también se ha registrado durante el último siglo un incremento en el índice de padecimientos neurológicos degenerativos como la esclerosis múltiple, de las enfermedades relacionadas con el sistema inmunológico, como el asma y el síndrome de fatiga crónica y de los distintos tipos de cáncer, entre ellos la leucemia.

Parte del problema es consecuencia de un cambio en el estilo de vida llegado con el nuevo mundo tecnológico de los coches, los ordenadores, la automatización y las telecomunicaciones. En los últimos 50 años un océano de energía electromagnética derivada de las nuevas tecnologías y de las telecomunicaciones ha inundado el planeta: desde las líneas de alta tensión a los transformadores eléctricos y las antenas de transmisión de radio y telefonía móvil, por mencionar sólo algunos. Cada vez es más evidente que estos campos magnéticos y eléctricos creados por el hombre afectan nuestra salud y nuestro bienestar. Es cada vez mayor el número de investigaciones que demuestran la relación existente entre la exposición a los campos energéticos de radio, microondas y radiaciones, y la incidencia de diversas enfermedades.

En los primeros años del siglo XX, sólo un 10 por ciento de los trabajadores laboraban en espacios cerrados. Hoy esta cifra se aproxima al 90 por ciento. Vamos al trabajo en nuestro automóvil, pasamos gran parte del día sentados en la oficina, volvemos a conducir hasta la casa y pasamos una docena de horas semanales frente al televisor. La obesidad –provocada por la falta de ejercicio y por una dieta rica en azúcares, grasas y comida basura– se convierte en un asesino importante y nuestra vida sedentaria va de la mano con los dolores lumbares y un sinfín de padecimientos óseos y musculares.

El papel de la magnetoterapia

La magnetoterapia está comenzando poco a poco a ganarse un lugar en el tratamiento de los dolores de la zona lumbar y también de otros problemas óseos y musculares, como el reumatismo y la artritis. Algunas veces la aplicación de imanes en las áreas afectadas puede generar un alivio espectacular en cuestión de minutos, incluso en enfermos crónicos, y muchos relatos anecdóticos de estos efectos están siendo confirmados por las investigaciones científicas.

Los imanes también ayudan a reducir la inflamación, ya sea ésta causada por quemaduras, torceduras o por el efecto de algún agente tóxico, como la picadura de una abeja o avispa. En el caso de la gota, que es una afección muy dolorosa en la cual la circulación sanguínea en los pies se ve

disminuida por una acumulación de cristales de ácido úrico, los imanes ayudan a eliminar dichos cristales. La reina egipcia Cleopatra no conocía la existencia del ácido úrico, pero hace miles de años sus médicos sabían ya que los
imanes estáticos ayudaban a aliviar la gota.

En época más reciente los investigadores se han abocado a estudiar
el posible uso de los imanes en el tratamiento de otros padecimientos y sus
conclusiones han desvelado una extraordinaria variedad de aplicaciones. El
uso de imanes en la medicina ha sido más frecuente en los países del Este de
Europa y en Japón que en Occidente, donde el sistema médico ha preferido
recurrir al enfoque farmacéutico.

En 1996, mi laboratorio organizó el Primer Congreso Mundial de
Magnetoterapia en la Real Sociedad de Medicina de Londres, en el que se
dieron cita científicos de todo el orbe. En una de las sesiones, Jiri Jerabek, de
la República Checa, presentó las conclusiones de su investigación acerca de
las aplicaciones terapéuticas de los imanes en padecimientos como la artritis,
los trastornos pulmonares, los problemas cardiacos, la degeneración neuronal,
las mialgias y tantas otras enfermedades cuya reseña abarcaba más de 20
capítulos de apretados informes técnicos. Otro de los trabajos expuestos fue el
del profesor Detlavs de Letonia, quien se refirió a sus 20 años de experiencia
clínica en el tratamiento de las enfermedades con imanes. También hubo con-
tribuciones de expertos procedentes de Japón, donde una de las empresas que
produce imanes terapéuticos es la décima compañía más importante del país.

Acerca de este libro

Todos hemos evolucionado bajo el campo magnético de la Tierra, en el capítulo 1 se habla de este magnetismo natural y de sus efectos sobre el ser humano. En el capítulo 2 se muestra la forma en que los campos electromagnéticos
artificiales afectan a la salud y se ofrecen consejos prácticos sobre la forma en
que nos podemos proteger de ellos. En el tercer capítulo se indica la manera
en que los imanes pueden ayudar en el proceso terapéutico natural de
muchos padecimientos comunes. Los planes de tratamiento basados en los
hallazgos de las investigaciones más recientes nos señalan dónde debemos
colocar los imanes y qué resultados debemos esperar. Finalmente, en la sección de recursos se incluye una lista completa de fabricantes y distribuidores
de imanes, bibliografía recomendada e instituciones de todo el mundo relacionadas con ellos.

R W Coghill

capítulo 1
el magnetismo natural

La magia del magnetismo ha fascinado al hombre durante siglos. Este capítulo trata del campo magnético de la Tierra, de sus ritmos y sus variaciones.

La ciencia del magnetismo explica la forma en que los imanes afectan a los materiales a nivel atómico y cómo el magnetismo está relacionado con la electricidad. En todos los seres vivos existen delicados campos magnéticos que controlan los latidos del corazón, las ondas cerebrales y los impulsos nerviosos. Estos campos magnéticos funcionan a la perfección dentro del propio campo magnético de la Tierra, porque evolucionaron en él. Pero es fácil entender que pueden ser afectados por otros campos magnéticos y eléctricos. La curación con imanes se basa precisamente en esta capacidad que tienen los imanes de influir sobre el organismo y sobre sus funciones.

Desde que los antiguos chinos aprendieron a construir brújulas magnéticas, navegantes, exploradores y marineros han utilizado el campo magnético de la Tierra para guiarse en sus viajes por mar y tierra. Muchas especies animales también recurren a su innata sensibilidad a los campos magnéticos, especialmente en sus largos viajes migratorios.

Este capítulo finaliza con ejemplos de algunos usos prácticos para los imanes —entre ellos mejorar el rendimiento del combustible en los motores de los coches y mitigar el dolor— como ilustración de sus poderosos efectos y preámbulo a los tratamientos terapéuticos expuestos en el capítulo tres.

el magnetismo natural

Numerosas leyendas nos hablan del magnetismo como un poder misterioso y mágico.

Plinio el Viejo, sabio romano del siglo I después de Cristo, cita una leyenda en la que el pastor griego Magnes, es el primero en descubrir el magnetismo natural en la calamita. Dice que su bastón de hierro fue atraído por una roca de calamita y ya no pudo retirarlo de ella. Según otra leyenda, los imanes fueron descubiertos en Magnesia. En la época clásica había dos ciudades con este nombre, una de ellas se localizaba en lo que hoy es Turquía. También en Grecia hay una región conocida como Magnesia, en la zona continental. Es posible que estas regiones hayan sido ricas en mineral de hierro. El filósofo y matemático griego Tales, en el siglo VII antes de Cristo conocía ya las propiedades magnéticas de la calamita.

El aparente poder mágico del magnetismo dio origen a muchas teorías. Una que cautivó a algunas de las grandes mentes de la antigüedad era la de la existencia de islas magnéticas, por las que no podía cruzar ningún navío que hubiese sido ensamblado con clavos de acero. El astrónomo y geógrafo Tolomeo (90-168 d. C.) creía que dichas islas se encontraban entre Sri Lanka y Malasia.

Un imán natural: la calamita

Este tipo de imán, que se encuentra en la naturaleza, es un mineral rico en hierro que se ha magnetizado debido a su exposición prolongada al campo magnético de la Tierra. Conserva su magnetismo incluso después de haber sido arrancado de su posición original y atrae al hierro no magnetizado. Un pequeño trozo de calamita suspendido de una cuerda girará para alinearse con el eje norte-sur del campo magnético de la Tierra. Debe su nombre a la capacidad de mostrar el camino, palabra derivada del antiguo inglés «cargar» o conducir, lo que significa «marcar el camino». Se dice que San Agustín quedó muy sorprendido con el uso de imanes de calamita en las islas Británicas, a su llegada en el siglo VI después de Cristo.

La navegación con imanes

Los chinos fueron los primeros en aprovechar el poder del magnetismo para fabricar brújulas. En el arte chino del Feng Shui se hacían cálculos sobre una plancha adivinatoria, en el centro de la cual figuraba la constelación de la Osa Mayor como indicadora de la dirección. Durante la dinastía Han (206 a. C. - 220 d. C.) la constelación fue sustituida por una piedra de calamita tallada en forma de cuchara. Fue diseñada de tal forma que se balanceara y girara sobre la curvatura posterior de la cuchara alineándose con el campo magnético de la Tierra, por lo que se le conocía como "la cuchara que apunta hacia el sur". Con el tiempo, la cuchara fue sustituida por otras formas, y ya en el siglo V de nuestra era los chinos utilizaban brújulas de aguja sobre tierra. La siguiente creación fue la brújula que flota sobre agua, en la que el trozo de calamita se sujetaba a un trozo de madera que flotaba en una vasija llena de agua. Posteriormente se diseñaron brújulas de suspensión, en las que la aguja se sujetaba desde abajo, como en las brújulas modernas. Las embarcaciones chinas que surcaban los océanos las utilizaban ya en el siglo XI, cien años antes de que fueran usadas por primera vez en Europa.

La curación con imanes

Además de utilizarse como auxiliares para la navegación, los imanes han sido usados para curar en todas las épocas. William Gilbert (1544-1603), médico de la Reina Isabel I de Inglaterra, se interesó especialmente por las propiedades terapéuticas de la calamita. En su tratado *De Magnete* (Sobre los imanes) publicado en 1600, aseguraba que los imanes tenían la propiedad de "reconciliar a los maridos con sus mujeres". En este tratado, el doctor Gilbert disipó algunos de los mitos comunes sobre la calamita: que si se recubre con la sal de una rémora puede atraer oro o que la cebolla y el ajo pueden destruir su poder magnético. También desaconsejó la práctica de tomar calamita mezclada con agua para curar una gran variedad de padecimientos. Esta forma primitiva de magnetoterapia había sido prescrita por el médico suizo Paracelso (1493-1541).

En el capítulo 3 se describen otras formas en las que tradicionalmente los imanes fueron utilizados en diversas culturas para mejorar y preservar la salud.

la tierra como imán

Vivimos en un enorme imán y nuestra evolución ha tenido lugar en un campo magnético.

La parte de la corteza de la Tierra rica en hierro se magnetizó por fricción contra su centro fundido mucho antes de que surgiera la vida en nuestro planeta. Posiblemente incluso debamos la vida al campo magnético de la Tierra.

El "viento solar" de la radiación electromagnética proveniente del sol distorsiona el campo magnético de la Tierra, de la misma forma en la que una corriente de aire distorsiona la llama de una vela. Como los campos magnéticos en movimiento inducen una corriente eléctrica (ver página 24) esta distorsión origina corrientes eléctricas en el cinturón de Van Allen, varios cientos de kilómetros por encima de la superficie de la Tierra. Antes de que evolucionara la vida no existía la capa protectora de ozono (ver nota al margen), por lo cual estas corrientes eléctricas penetraban a través de la ionosfera hasta el centro de la Tierra. Tal vez los destellos de energía eléctrica resultantes incrementaron la energía disponible para las reacciones químicas que dieron origen a la vida. Así, el magnetismo siempre ha ido de la mano con la vida y los movimientos oscilantes de los campos magnéticos de la Tierra inyectan vida a nuestro planeta vivo.

Existen pruebas de que el campo magnético de la Tierra se ha invertido muchas veces en el pasado. A medida que el magma penetra por las grietas de la corteza terrestre, sus átomos de hierro se alinean entre sí con el campo magnético de la Tierra y apuntan en dirección norte-sur. Al enfriarse dicho magma se solidifica y crea una instantánea del campo magnético de la Tierra en ese momento. El análisis de este tipo de depósitos hallados en el fondo del Océano Atlántico demuestra que efectivamente estas inversiones del campo magnético han ocurrido y que coinciden con extinciones masivas de fauna. Los dinosaurios se extinguieron al final del periodo cretáceo, cuando se volvieron a registrar inversiones después de un largo periodo de inactividad. Asimismo, se ha sugerido que al final del periodo peruano, hace 225 millones de años, se extinguió alrededor de la mitad de la fauna animal. Es posible que la inversión del campo magnético de la Tierra se deje sentir hasta la estructura misma de las moléculas de los seres vivos. La estructura en forma de hélice del ADN gira hacia la izquierda y existe una teoría según la cual un cambio en el campo magnético podría significar la formación de ADN girado hacia la derecha, por lo que morirían las viejas especies.

La vida en la Tierra
En la Tierra no había oxígeno antes de que existiera la vida, ni capa de ozono, puesto que las moléculas de este gas se forman con átomos de oxígeno, combinados de tres en tres. Las primeras formas de vida que se desarrollaron fueron las cianobacterias y luego las algas verde-azuladas, las cuales crean azúcar gracias a la acción del sol a través de la fotosíntesis, en la que se genera también oxígeno. Así, hubo ya oxígeno para el desarrollo de la vida animal y comenzó a formarse la capa protectora de ozono.

La brújula natural

El magnetismo de la Tierra nos ayuda a guiarnos en los inmensos océanos. Los navegantes chinos fueron los primeros en descubrir que la Tierra tiene un campo magnético y que las agujas imantadas apuntan hacia el norte magnético. También los animales y las aves migratorias se sirven de su sensibilidad a este magnetismo para llegar hasta los lugares donde se aparean. Sin embargo, esta influencia geomagnética varía durante largos espacios de tiempo y la dirección del norte magnético cambia lentamente cada año.

Es indudable que el débil campo magnético de la Tierra puede tener importantes efectos biológicos. Algunas regiones geográficas tienen campos magnéticos más débiles o más fuertes que otras: el campo magnético es más fuerte en los polos y más débil en el ecuador. Asimismo, los grandes depósitos de minerales, o las estructuras metálicas artificiales, tienden a concentrar los campos por encima o por debajo de los niveles normales. La incidencia de enfermedades varía con estas diferencias y durante décadas se han observado fenómenos como la lenta recuperación de los padecimientos en los campos de movimiento lento o una mayor incidencia de cáncer en los campos de movimiento rápido.

Hace relativamente poco tiempo, los científicos descubrieron que hasta las insignificantes bacterias de barro son magnetotácticas; es decir, responden a lo que a primera vista parecen ser campos magnéticos excepcionalmente débiles. Asimismo, se puede entrenar a algunos peces para que se formen por alimento cuando se hace oscilar un imán fuera del acuario. Estos ejemplos muestran la forma en que la vida en nuestro planeta se ve afectada por la fuerza invisible, pero poderosa, del magnetismo.

Los ritmos de la Tierra

Generalmente, al campo geomagnético suele describírsele como un campo estático, pero esta afirmación no es del todo precisa. Cuando nuestro inmenso globo gira alrededor de su eje, se registran pequeñas variaciones en la fuerza del campo magnético, que se pueden detectar fácilmente con instrumentos científicos, aunque tales variaciones son del orden de sólo un 0,2 por ciento de la fuerza total del campo. Estas fluctuaciones se deben a la estructura de la propia Tierra. Imaginemos que es una pelota llena de agua que tiene otra pelota sólida en su centro. Al girar sobre su eje, el líquido interior transmite la rotación de la corteza externa al núcleo y también lo hace girar. Pero durante la rotación el agua tiende a bambolearse por ello el centro gira con menos suavidad y sobre un eje ligeramente distinto al de la corteza externa. Es este efecto de "bamboleo" el que provoca las variaciones observadas en el campo magnético de la Tierra. Y los diferentes ejes de rotación de la corteza y el centro crean la diferencia entre el norte magnético (definido por el polo norte del núcleo) y el verdadero norte (el polo norte de la corteza).

Los ritmos del sol

El sol es una reacción nuclear incontrolada, que descompone átomos en partículas cargadas y las proyecta a la velocidad de la luz desde su superficie, en forma de tormentas solares. Ocasionalmente, los observadores pueden ver en él áreas negras, conocidas como manchas solares, las cuales son el resultado de estas gigantescas tormentas magnéticas. Estas manchas desaparecen en un ciclo de 22 años. Los primeros 11 años (más exactamente un promedio de 11,135 años) las manchas se concentran en uno de los hemisferios del sol y los siguientes 11 años lo hacen en el otro.

Las manchas solares hace miles de años que se observan. Entre el año 500 a C. y el 1600 d. C. en que se empezó a hacer con la ayuda de telescopios, se identificaron aproximadamente 50 periodos de actividad máxima de dichas manchas. Curiosamente, ha habido varias épocas de «quietud» sin demasiadas manchas solares, entre ellos un largo periodo durante el siglo XVII (conocido como el mínimo de Maunder, entre 1645 y 1715) en el que se volvieron relativamente extrañas y desapareció el ciclo mencionado por razones que nadie ha logrado explicar de manera satisfactoria.

La influencia de las manchas solares

En 1974, en Gran Bretaña, el doctor Hope-Simpson descubrió que todos los brotes importantes de gripe registrados desde 1761 han coincidido con los momentos de máxima actividad de las manchas solares, incluida la epidemia ocurrida en 1918, que en todo el planeta acabó con la vida de más de 20 millones de personas. Sus hallazgos han sido confirmados en dos ocasiones por el astrofísico Sir Fred Hoyle y sus colegas de la Universidad de Cardiff, en el país de Gales. Esta clara correlación todavía requiere una explicación.

La palabra influenza (gripe en inglés) se deriva del vocablo italiano "influencia" porque se creía que dicho padecimiento provenía de un agente lejano. Los pastores de las montañas de la Toscana adquirían la enfermedad al mismo tiempo que sus amigos de la ciudad. En una escala mayor, los brotes de gripe, muchas veces se presentan en dos ciudades de dos continentes distintos, de tal forma que es imposible el contagio directo, incluso en estos días de viajes rápidos.

La respuesta está en los campos magnéticos del sol. En épocas de máxima actividad de las manchas solares, el viento solar de partículas cargadas es mucho mayor, lo que hace que se distorsione el campo magnético de la Tierra. Dichos cambios en el campo magnético terrestre pueden afectar al sistema inmunológico y hacernos más vulnerables a las infecciones. Pero el asunto es más complejo. Las distintas cepas de la gripe tienen cada una sus propias características, lo cual parece indicar que aún no conocemos totalmente lo que hay detrás de esta afección tan común.

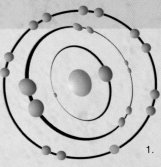

1.

¿qué es un imán?

La clave del magnetismo está en la estructura atómica.

La estructura de un átomo

Los átomos están formados por tres tipos diferentes de partículas: protones, neutrones y electrones. Los protones y los neutrones forman el núcleo del átomo. Los electrones giran alrededor del núcleo en áreas del espacio conocidas como capas de electrones (1). Los protones son partículas cargadas positivamente, los neutrones no tienen carga y la de los electrones es negativa.

A la naturaleza le gusta el equilibrio, incluso a nivel atómico. La carga de un electrón es igual y contraria a la de un protón, y normalmente, en un átomo no cargado hay un número igual de protones que de electrones. Se mantienen en el átomo debido a importantes fuerzas de atracción existentes entre ellos.

Los átomos tienen hasta siete capas de electrones y cada una contiene una determinada cantidad de electrones. La capa interior tiene un máximo de dos electrones, la segunda ocho y la tercera un máximo de 18. Si la capa exterior de electrones está llena o contiene un grupo de ocho electrones, el átomo no es reactivo. Los átomos con huecos en sus capas externas tratan de llenarlos, por ejemplo, quitando un electrón a otro átomo.

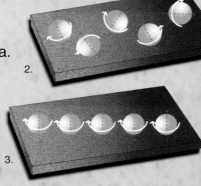

2.

3.

En un átomo o compuesto estable, los electrones forman parejas. En cada una de ellas, los electrones giran en sentidos opuestos, o no paralelos. El átomo de hierro Fe (3+) es un ejemplo de átomo inestable. En la capa externa le faltan tres electrones y los electrones que no están agrupados en parejas giran al azar.

Definición de un imán

Un imán es un material que contiene electrones no agrupados en parejas que giran en el mismo sentido y cuyos ejes de rotación están alienados en la misma dirección.

Una barra no magnetizada de hierro contiene millones de electrones no agrupados en parejas (2), que giran en diferentes sentidos. Si se magnetiza dicha barra, todos estos electrones libres girarán en la misma dirección (3), con sus ejes alineados.

Campo magnético

El campo de un imán es el área alrededor de éste en la que los objetos se ven afectados por su fuerza magnética. Si se esparcen limaduras de hierro alrededor de una barra magnetizada formarán un patrón que dibujará las líneas del campo magnético (4). Estas líneas se acercan más entre sí en los polos del imán, donde el campo es más fuerte.

4.

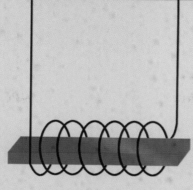

Cómo se crea un campo magnético

William Gilbert, físico de la reina Isabel I, tras observar que los rayos magnetizaban los objetos de hierro, descubrió la capacidad de la electricidad para magnetizar este metal. Los imanes modernos se hacen colocando una barra de hierro en el interior de una bobina de alambre de cobre (5) y pasando una corriente eléctrica directa a través de dicha bobina. La electricidad crea entonces un campo magnético alrededor de la bobina (véase página 00), lo cual fuerza a los electrones existentes en el hierro que no están agrupados en parejas, a alinearse y girar en el mismo sentido. La dirección de la corriente al pasar por la bobina determinará cuál es el polo norte y cuál el sur.

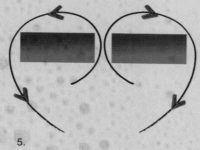

5.

Una forma de magnetizar una barra de hierro es calentarla y dejar que se enfríe estando en dirección norte-sur. Los electrones no emparejados se alinearán en el campo magnético de la Tierra.

Cómo eliminar el magnetismo

Al calentar un imán de ferrita a temperaturas muy elevadas se destruye su magnetismo, puesto que los electrones se excitan con la energía térmica y pierden la alineación de su rotación. Golpear un imán con un martillo puede también tener el mismo efecto, ya que ello incrementa la energía disponible para los electrones.

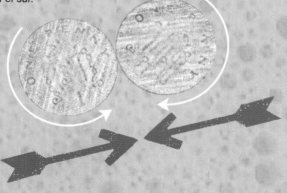

6.

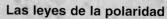

7.

Cómo afecta el magnetismo a otros materiales

Cuando se coloca un imán cerca de un material, sus electrones no emparejados, girando todos en el mismo sentido, hacen que giren también los electrones no emparejados del otro material. Imaginemos dos monedas que se tocan. Si se hace girar una de ellas, la otra también comenzará a girar, pero en dirección contraria (6). El sentido de la rotación mantendrá unidos los dos materiales, por atracción magnética.

Las leyes de la polaridad

Las fuerzas opuestas se atraen, y las iguales se repelen. En el caso de los imanes, los polos opuestos se atraen (el norte atrae al sur y viceversa) y los polos iguales se rechazan. Este fenómeno se puede explicar considerando que los electrones son como dos monedas que giran. Si las dos monedas giran en sentidos opuestos (6), se atraerán. Sin embargo, si giran en la misma dirección, su movimiento combinado hará que se rechacen.

materiales magnéticos modernos

La fabricación de imanes más ligeros ha creado más oportunidades para su uso terapéutico.

Antes de la época de William Gilbert (ver página 15) el único tipo de imán que se conocía era la calamita. Pero los herreros sabían que era posible magnetizar una barra de hierro calentándola y golpeándola con un martillo mientras se enfriaba reposando sobre un eje alineado en dirección norte-sur. Luego, el propio Gilbert notó que si se colocaban barras de hierro alineadas con el campo magnético de la Tierra durante 20 años o más, éstas se magnetizaban ligeramente. También se dio cuenta de que los relámpagos podían magnetizar el hierro.

El tradicional imán de herradura se hacía doblando una barra recta imantada, así la fuerza de atracción del imán se duplicaba al aproximar los dos polos. Sin embargo, en este tipo de imán, como el polo norte y sur se encuentran muy cerca, tienden a anularse mutuamente.

La tecnología para hacer imanes ligeros, económicos y potentes ha mejorado de manera importante desde aquellos tiempos, especialmente durante los últimos 20 años. Y cada avance en este campo se ha visto acompañado por un mayor interés en los efectos terapéuticos de los imanes. En el siglo XVIII se descubrió que el acero con carbono conservaba su magnetismo mucho mejor que la calamita o el hierro colado. A principios del siglo XX aparecieron las primeras aleaciones de imanes, conteniendo tungsteno, cobalto, cromo o molibdeno, y hacia 1930 se desarrollaron productos a base de hierro que contenían aluminio, níquel y cobalto, conocidos como imanes Alnico. Todos estos imanes eran básicamente metálicos y, por tanto, muy pesados.

En la década de 1980 se desarrollaron los primeros imanes en los que se combinó cobalto y samario. Se les conocía como imanes de tierra rara, pues estaban hechos de elementos metálicos que en la tabla periódica pertenecen al grupo de los lantánidos (también llamados tierras raras). Estos imanes eran mucho más ligeros que cualquiera de sus antecesores y fueron creados para fines industriales, como los motores eléctricos.

Sin embargo, debido a que el cobalto y el samario son elementos poco abundantes, dichos imanes también eran costosos, por lo que en 1983 se creó una variante en la que se combinaban el hierro,

Imanes más ligeros
Un imán Alnico de 8.000 gauss pesaría alrededor de 90 kilogramos, mientras que uno de neodimio con la misma potencia pesaría unos 20 gramos. Un imán de hierro de 200 gauss pesaría aproximadamente 10 gramos mientras que uno de neodimio de la misma potencia pesaría un gramo.

el boro y el neodimio. Estos imanes, conocidos como imanes de neodimio son muy difíciles de desmagnetizar y mantienen su potencia durante décadas. Se hacen a través de un proceso de aglomerado, que consiste en aplicar altas temperaturas y elevadas presiones a metales pulverizados. Son más ligeros que los imanes de hierro o acero sólido, pero también son más frágiles, aunque esta desventaja se puede superar con una cubierta de cromo o algún otro metal duro de revestimiento.

Otras mezclas de metales pueden ser también magnetizadas. Las piezas magnéticas de plástico que se adhiern a las puertas de los frigoríficos han sido impregnadas de diminutas partículas magnéticas, para que puedan ser cortadas al tamaño deseado, pero no generan campos magnéticos fuertes. También son comunes los imanes cerámicos, hechos de neodimio y otros metales de tierras raras, capaces por lo tanto, de generar campos magnéticos potentes.

La fuerza de los campos magnéticos

La unidad moderna con la que se mide la fuerza de los campos magnéticos es el tesla (T) y debe su nombre al científico serbio Nikola Tesla (1856-1943), que emigró a Nueva York y colaboró en el laboratorio de Thomas Edison.

Allí planeó y desarrolló muchos de los inventos usados en la sociedad moderna, entre ellos el motor de potencia fraccionada. Prácticamente el tesla ha reemplazado a las antiguas unidades de medición magnética, el gauss y el oersted, aunque el gauss sigue siendo muy utilizado, especialmente en los imanes estáticos con fines terapéuticos.

En general, los imanes terapéuticos tienen campos magnéticos que oscilan entre 200 y 2.000 gauss. Teniendo en cuenta que un tesla equivale a 10.000 gauss, es fácil hacer la conversión entre ambas unidades. Debido a que la unidad tesla es muy grande, la fuerza de los imanes terapéuticos se registra a veces en milésimas (militeslas, mT) o incluso en millonésimas (microteslas, µT) de tesla. Por ejemplo, 200 gauss equivalen a 20 mT; 2.000, a 200 mT.

En magnetoterapia, más potencia no siempre es mejor. Con campos magnéticos de picoteslas (10-12 T), que son extraordinariamente bajos, se han obtenido resultados importantes. Los proveedores más reconocidos informan sobre la fuerza de sus imanes o por lo menos proporcionan esta información si se les solicita. Para fines terapéuticos, es mejor disponer de distintos imanes de diferente potencia que se puedan combinar a fin de aplicar un variado espectro de campos magnéticos.

Cómo medir la fuerza de los campos magnéticos

La fuerza de un imán es inversamente proporcional al cuadrado de la distancia a partir del mismo. Esto significa que se debilita rápidamente a medida que nos alejamos del imán. A cuatro centímetros de distancia, la fuerza del campo magnético de un imán equivale únicamente a una sexta parte de su potencia en la superficie del imán; a ocho centímetros, será de 1/64.

electricidad y magnetismo

Las fuerzas de la electricidad y el magnetismo están relacionadas: una puede originar a la otra.

En un famoso experimento que en 1820 llevó a cabo accidental-mente Hans Christian Oersted (1777-1851), profesor de física del Instituto Politécnico de Copenhague, se observó que una corriente eléctrica genera un campo magnético en torno a ella.

En una demostración que hacía a sus alumnos, Oersted colocó una brújula directamente debajo de un alambre. Cuando hizo pasar la corriente a través de él, se movió la aguja de la brújula. En investigaciones posteriores se demostró que la dirección de la corriente que circulaba por el alambre determinaba la dirección del campo magnético.

Si se hace pasar un alambre electrizado a través de un trozo de papel con limaduras de hierro, éstas formarán círculos concéntricos alrededor del alambre, lo cual permite conocer las líneas de fuerza del campo magnético. Si ponemos una brújula sobre el papel, sabremos la dirección del campo. Si se invierte la corriente, también cambiará la dirección del campo. James Clerk Maxwell, físico y matemático inglés del siglo XIX, formuló su "ley del tapón de corcho", para describir la dirección del campo magnético que se genera alrededor de un alambre electrizado. Si imaginamos que introducimos un tapón de corcho alrededor del alambre en la misma dirección de la corriente, el sentido de la rotación indicará la dirección del campo magnético.

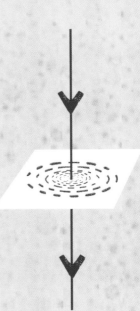

En aquella época no se conocía la precisa relación exis-tente entre las dos fuerzas, electricidad y magnetismo. En la década de 1830, el científico británico Michael Faraday profun-dizó en los trabajos de Oersted. Sostenía que, según la tercera ley de Newton (a toda acción corresponde una reacción igual, pero contraria) también debía suceder lo opuesto: los imanes podían generar una corriente eléctrica.

Mediante una serie de experimentos demostró la validez de sus afirmaciones, siempre y cuando el material conductor o el cable, cortara las líneas magnéticas de fuerza. Estas son las líneas en las que se colocan las limaduras de hierro cuando son esparcidas sobre un imán. Faraday utilizó una barra imantada y la introdujo en el interior de una bobina de alambre. Al meter el imán se inducía una corriente en el alambre, es decir, cuando el alambre cortaba las líneas de fuerza existentes alrededor del imán. Cuando el imán se mantenía estático en la bobina, no fluía corriente; sin embargo, al sacarlo, la corriente fluía de nuevo, pero en dirección opuesta.

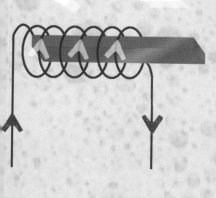

Cómo se puede modificar la corriente eléctrica

La corriente eléctrica de una batería siempre fluye en la misma dirección dentro del circuito y recibe el nombre de corriente directa. Sin embargo, la electricidad de la red es corriente alterna, en este caso la dirección de la corriente dentro del circuito cambia muchas veces por segundo y la frecuencia de este cambio se mide en hertzios (Hz). En el Reino Unido, la electricidad de la red tiene una frecuencia de 50Hz; es decir, la corriente cambia de dirección 50 veces por segundo. En Estados Unidos es de 60Hz; la corriente cambia de dirección 60 veces por segundo.

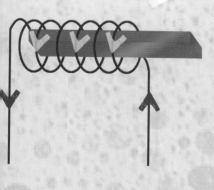

Debido a que la corriente eléctrica genera un campo magnético a su alrededor, es evidente que un alambre por el que pasa corriente alterna genera un campo magnético alterno a su alrededor. Por tanto, los campos magnéticos y la electricidad en movimiento están inevitablemente relacionados, uno puede inducir al otro.

Los campos magnéticos estáticos no tienen ningún componente eléctrico, puesto que los imanes estacionarios no inducen corriente. A nadie le afecta el campo magnético estático de la Tierra: hemos evolucionado dentro de él (ver página 16). Estos campos también pueden tener efectos terapéuticos, según veremos en el capítulo 3. No obstante, durante el último siglo hemos estado muy expuestos a campos eléctricos alternos artificiales debido al gran desarrollo de la corriente eléctrica alterna. En el capítulo 2 se exponen los perniciosos efectos que esta corriente puede tener sobre los delicados mecanismos del organismo y la forma en que nos podemos proteger de tales efectos.

utilizando el campo geomagnético

Todos lo seres vivos son sensibles a los campos magnéticos de la Tierra.

Desde las bacterias hasta las aves, todos los seres vivos son sensibles a los campos magnéticos. La bacteria del barro *Aquaspirillum magnetotacticum* es un microorganismo anaeróbico incapaz de sobrevivir en oxígeno. En 1975, Richard Blakemore, microbiólogo de la Universidad de Massachusetts, observó que algunos de estos microorganismos nadaban todo el tiempo en la misma dirección. En una fotografía tomada con la ayuda de un microscopio electrónico se observó una línea de diminutos cristales negros dentro del cuerpo de los microbios, eran magnetosomas (partículas de magnetita, que es un compuesto rico en hierro).

El ángulo cero del campo magnético de la Tierra en el hemisferio norte (ver página opuesta) permitía que los magnetosomas inclinaran hacia abajo a las bacterias. Los flagelos de su cola las impulsaban hasta el fondo del fango, donde vivían. Si esta especie de microorganismos hubiese habitado en el hemisferio sur, habría emergido a la superficie del agua y se habría extinguido. En 1981, Blakemore llegó a la conclusión de que las especies del hemisferio sur tenían la polaridad inversa. Incluso muertas, las bacterias se alinean con el ángulo cero del campo magnético de la Tierra. Por lo menos existe una docena de variedades bacterianas magnetotácticas que se desarrollan tanto en agua dulce como en entornos marinos.

Desde entonces, se ha observado que las palomas mensajeras, el salmón migratorio, los quitones (una especie de molusco marino), las mariposas y los delfines tienen magnetita en sus organismos. Joe Kirschvink del Instituto Tecnológico de California asegura haber encontrado también magnetosomas en el cerebro humano.

El misterio de la migración

Las ballenas migran por los océanos hasta llegar a su zona de apareamiento y procreación en el Golfo de México. La Cordillera del Atlántico Medio, que es una franja en forma de "S" que se extiende desde Islandia hasta el Círculo Polar Ártico, lanza lava

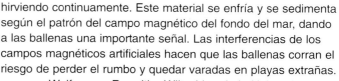

El ángulo cero

La aguja de una brújula se alinea con el campo magnético de la Tierra. En el hemisferio norte el extremo norte de la aguja apunta hacia la superficie de la Tierra. En el ecuador el ángulo de inclinación es cero y en el Polo Norte es de 90 grados. En el hemisferio sur sucede lo contrario.

hirviendo continuamente. Este material se enfría y se sedimenta según el patrón del campo magnético del fondo del mar, dando a las ballenas una importante señal. Las interferencias de los campos magnéticos artificiales hacen que las ballenas corran el riesgo de perder el rumbo y quedar varadas en playas extrañas.

Wolfgang y Roswitha Wiltschko, de la Universidad J.W. Goethe, de Frankfurt, han resuelto el misterio sobre la forma en que las aves migratorias realizan largos vuelos, llegando a la conclusión de que sus periplos son un proceso que se da en dos etapas. En primer lugar, determinan la dirección de su objetivo como un rumbo y luego usan una brújula interna para traducirlo en una dirección específica. El primer ejemplo de este tipo de brújula interna se vio en los petirrojos europeos (*Erithacus rubecula*), que migran durante la noche, probablemente utilizando el ángulo de inclinación y también la dirección del campo. Las investigaciones muestran que, en el primer viaje migratorio, las aves utilizan información innata sobre la dirección y la distancia de su ruta y, más adelante en viajes posteriores, la perfeccionan con datos adicionales.

Las palomas mensajeras son un caso particular entre las aves migratorias. Encuentran su camino de regreso a casa tras largas distancias por mar y tierra. Aún no se sabe a ciencia cierta cómo logran hacerlo, pero parece que también influye su sensibilidad al campo magnético de la Tierra. En dos ocasiones, bandadas de palomas mensajeras en una competición a través de Europa se vieron expuestas a una tormenta solar magnética inusual. Miles de ellas se perdieron y a muchas nunca más se las volvió a ver. Se cree que su desorientación se debió a la influencia del campo magnético solar que afecta la magnetita existente en el cerebro de las palomas.

El salmón migratorio regresa al río de apareamiento donde nació, incluso después de haber pasado varios años en el mar. Akira Yano de la Universidad japonesa de Chiba, estudió la respuesta migratoria del salmón moteado (*Oncorhynchus keta*) al campo magnético de la Tierra. En un experimento realizado en aguas de las islas Kuril, este científico modificó artificialmente el campo magnético mediante un electroimán controlado por radio adherido a la cabeza de un salmón. Los datos resultantes indican que los peces responden a un campo magnético inducido de manera artificial modificando la profundidad de nado.

Las termitas también son sensibles a los campos magnéticos. Gunther Becker, quien realizó investigaciones en Berlín, demostró que la exposición de las termitas a un campo magnético inhibía su construcción de galerías. Estos insectos mostraron cierta preferencia por la dirección del campo geomagnético y trataban de construir sus galerías en la zona más alejada del campo magnético artificialmente impuesto.

campos endógenos

Todos los seres vivos dependen de campos endógenos: campos magnéticos y eléctricos internos que envían señales a través de todo el organismo para controlar los nervios y músculos.

El cerebro humano emite campos magnéticos, que se pueden medir con un magnetoencefalograma. El primero en medir el campo magnético del organismo fue David Cohen del Instituto Tecnológico de Massachusetts, en 1968, y sus resultados fueron repetidos en Berlín Occidental en 1974. Se cree que el cerebro controla la química del organismo mediante determinados campos magnéticos.

Sin embargo, los principales campos tenues en los organismos pluricelulares son eléctricos. Los latidos cardiacos son controlados por campos eléctricos pulsantes desde el nódulo sinoatrial del corazón. El electroencefalograma mide los campos magnéticos emitidos por el cerebro y que fueron descubiertos en 1929 por Hans Berger de la Universidad alemana de Jena. A las diferentes frecuencias de onda emitidas por el cerebro se las conoce como alfa, beta y theta. Deben tener una función y parece que son diferentes en cada persona. Los patrones también varían cuando estamos enfermos y aumentan de manera significativa durante la fase del sueño llamada de movimientos oculares rápidos (REM por sus iniciales en inglés).

En los Laboratorios de Investigación Coghill llegamos a la conclusión de que el campo eléctrico endógeno de la persona tiene un efecto protector sobre la circulación de los glóbulos blancos del sistema inmunológico (ver página 39); sin embargo, el campo endógeno de otro ser humano no tiene ningún efecto de protección. Nuestros campos endógenos son tan individualizados como el ADN. Por ello, es posible que en nuestras frecuencias cerebrales exista información hasta ahora desconocida por la biología.

Sensibilidad a los campos eléctricos
En el Instituto Oceanográfico Scripps, de La Jolla, en el estado norteamericano de California, el científico holandés Ad Kalmijn ha estado investigando la forma en que los tiburones pueden detectar un campo eléctrico. Al conducir a estos animales a una zona poco profunda del mar con una carnada química,

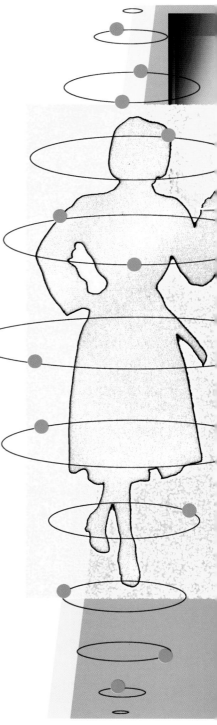

naturalmente mordían el lugar donde estaban las sustancias químicas, con la esperanza de comer algo. Sin embargo, Kalmijn
había ocultado varios cables eléctricos en la arena, pudiendo
observar que cuando activaba el cable a una corta distancia, el
tiburón inmediatamente se dirigía hacia él y lo mordía, aunque
estuviera escondido. Cuando se apagaba este circuito y se activaba otro, el tiburón en seguida atacaba el segundo cable. Al
reducir de forma gradual el voltaje, Kalmijn pudo establecer que
estos animales son sensibles a campos extraordinariamente
bajos, que pueden llegar a 4 millonésimas de voltio por metro.

Kalmijn identificó una parte del cerebro del tiburón, conocida como las ampollas de Lorenzini, como el aparato detector de
los campos eléctricos. Su utilidad es evidente: el animal puede
detectar a su presa por los campos eléctricos que emiten todos
los seres vivos. Kalmijn sigue estudiando la sensibilidad de los
peces a los campos eléctricos, entre ellos las grandes rayas;
recientemente se le ha encargado buscar algún medio para que
los tiburones dejen de morder los cables submarinos que conducen electricidad por el fondo del mar.

Esta sensibilidad a los campos eléctricos no es exclusiva
de las criaturas submarinas. El ornitorrinco australiano detecta las
lombrices escondidas debajo de la tierra de la misma manera,
hallando así su comida.

Ulrich Warnke, de la Universidad de Saarland, ha dedica-
do muchos años al estudio de los patrones de comportamiento
animal, especialmente de los patos que vuelan en bandadas.
Este científico está convencido de que cada pato genera un fuerte
campo eléctrico a través de la fricción con el aire y que en la ban-
dada, el pato que le sigue se coloca en cierta posición para reducir al mínimo la energía eléctrica entre él y el pato que le precede.
Esta ubicación sería la que crea la conocida formación en "V".

Asimismo, es posible que el ser humano pueda detectar
los campos eléctricos de sus congéneres (algunos llaman a este
campo, el aura). ¿Cuántos de nosotros sabemos que no hay
nadie en una casa a la que vamos de visita antes de llamar a la
puerta? ¿O cómo sabemos que alguien nos observa al otro lado
de la calle, incluso sin volver la cabeza para cerciorarnos de ello?
Algunos científicos hablan de una guerra psíquica, en la que personas malvadas tratarían de dañar el campo endógeno de sus
víctimas. Estas aseveraciones concuerdan de alguna forma con
las leyes de la ciencia: un campo eléctrico afecta a otro.

Asimismo, esto quiere decir que nuestros campos
magnéticos endógenos podrían verse afectados por campos eléctricos artificiales externos, los cuales tendrían efectos negativos
sobre los procesos de nuestro organismo que son controlados
eléctricamente. En el capítulo 2 se analizan con más detalle estos
efectos.

los iones

Los iones positivos de la atmósfera tienen efectos perniciosos sobre la salud, mientras que los iones negativos son benéficos.

Si un átomo pierde electrones (ver página 20) tendrá más protones que electrones y su carga será positiva. Sin embargo, si un átomo gana electrones, tendrá más electrones que protones y estará negativamente cargado. Estas partículas cargadas reciben el nombre de iones y todas contienen electrones sin emparejar.

Nuestro organismo utiliza muchos iones como los de calcio (Ca^{++}), potasio (K^+) y sodio (Na^+) para transmitir señales eléctricas entre el cerebro y los nervios. Por tanto, es de esperar que grandes cantidades de iones, independientemente de que sean naturales o artificiales, pueden afectar a la salud del ser humano. Una hipótesis es que estos iones interfieren en el sistema interno de comunicación del cuerpo.

Las tormentas eléctricas
En una tormenta eléctrica se crean de manera natural importantes cantidades de iones. ¿Cuántas veces hemos escuchado a alguien decir que se avecina una tormenta porque "lo siente en los huesos?" Su afirmación no es una mera superstición. Los nubarrones se cargan negativamente, debido a la fricción entre las moléculas del agua y el aire por el que pasan las nubes. Entonces, se acumulan iones positivos debajo de las nubes, luego el viento comienza a alejarlos de ellas acercándolos al suelo.

La superficie de la Tierra también está negativamente cargada debido a reacciones químicas que ocurren en su interior. Este elevado nivel de iones positivos antes de que se desencadene la tormenta genera sensaciones muy particulares de sequedad o de falta de aire en el ambiente. Las personas que sufren de artritis o reumatismo sienten dolor. Otras aseguran que el aire está "pesado" o inerte. En tales condiciones no es tan fácil respirar, aunque la cantidad de oxígeno de la atmósfera no se haya modificado. A la larga, la atracción entre las cargas negativas y positivas supera la resistencia del aire y

La influencia de la luna
La Tierra está rodeada por la ionosfera, que es una capa de gas ionizado debajo de la cual se acumulan iones positivos. En las noches de luna llena, las fuerzas gravitacionales contrarias del sol y la luna la comprimen ligeramente, empujando a los iones negativos hacia el interior de la Tierra, lo cual aumenta la proporción de iones positivos en la superficie del planeta.

Y al contrario, durante la luna nueva, las fuerzas gravitacionales combinadas de la luna y el sol elevan ligeramente la ionosfera, disminuyendo la concentración de iones positivos debajo de ella.

el resultado es un destello o, más concretamente, un relámpago. Entonces vienen los truenos y empieza a llover. ¡Después de la tempestad el aire parece claro y agradable! Esto se debe a que ahora se encuentra sobrecargado de iones negativos y se ha restablecido el equilibrio de las cargas positivas y negativas en la superficie de la Tierra.

Efectos de los iones positivos

En las noches de luna llena hay más iones positivos en la superficie de la Tierra (ver página opuesta) y parece que muchas personas sienten más estrés. Desde hace siglos está documentado que los pacientes de las instituciones psiquiátricas se sienten inquietos y nerviosos en los periodos de luna llena; la palabra "lunático" se refiere precisamente a eso. También aumenta el índice de homicidios y en términos generales, se observa cierta inquietud social.

La presencia excesiva de iones positivos también puede hacer que la sangre fluya más despacio (ver a la izquierda) y, por tanto, hay un suministro menor de oxígeno a los músculos, lo cual provoca molestias musculares.

Efectos de los iones negativos

Cuando hay luna llena y existen proporcionalmente más iones negativos en la superficie de la Tierra, florece la vida orgánica y las semillas se desarrollan mejor. En muchas culturas, es tradicional sembrar en esta época.

Experimentos realizados en centros de trabajo con ionizadores negativos, es decir, aparatos eléctricos que generan y emiten iones con esta carga, demuestran que un índice mayor de iones negativos crea un ambiente tranquilo, donde el trabajo se desarrolla de manera creativa. Los empleados de estas oficinas sufren menos dolores de cabeza y menor fatiga y el absentismo disminuye, desapareciendo estos efectos cuando los aparatos se desconectan sin que se entere el personal.

El papel de los imanes

Los ejemplos anteriores muestran la forma en que los electrones no emparejados (en los iones positivos y negativos) afectan a nuestro organismo. Los imanes "organizan" estas partículas de forma que todas giren en la misma dirección (ver página 20) afectando así a todos los materiales, incluidos los seres vivos. De este modo, podemos empezar a ver la forma en que los imanes influyen sobre el cuerpo y el uso terapéutico que se les puede dar. En el capítulo 3 se explica todo esto con más detalle.

Efectos de los iones sobre el torrente sanguíneo

Los glóbulos rojos tienen ligeras cargas negativas, al igual que el tejido de revestimiento de los vasos sanguíneos a través de los que fluyen, y por una muy buena razón. Debido a que las cargas similares se repelen unas a otras, así las células sanguíneas no son atraídas a las paredes arteriales, ni entre sí, por lo que pueden fluir libremente a lo largo de estos estrechos canales.

Sin embargo, cuando inhalamos iones positivos, estos entran en los pulmones y luego pasan al torrente sanguíneo, donde disminuyen la carga negativa en las células sanguíneas. Por lo tanto, se incrementa la adhesión de estas células a las paredes de los vasos y disminuye la circulación sanguínea. Y al contrario, los iones negativos aumentan la eficiencia circulatoria.

variaciones geomagnéticas

Las anomalías del campo magnético y eléctrico de la Tierra pueden tener graves consecuencias para la salud.

Todas las formas de vida están expuestas a campos electromagnéticos de baja frecuencia, generados fundamentalmente por las tormentas eléctricas de las zonas ecuatoriales. Estos campos viajan alrededor de la Tierra entre su superficie y la ionosfera a una altura aproximada de 140 kilómetros, con una frecuencia de resonancia de alrededor de 7.8 Hz. conocida como la resonancia de Schumann, en honor a W.O. Schumann, que la descubrió en 1954. Parece que estas resonancias son vitales para la salud humana pues los astronautas privados de ellas y del campo geomagnético durante sus viajes espaciales sufren de enfermedades. Para evitar estos efectos, en las naves espaciales se simulan dichos campos.

Sin la suave vibración de las resonancias de Schumann, el cuerpo humano no se cura con la misma rapidez: parece que estimulan el crecimiento de las células y la curación de los tejidos blandos. En un experimento realizado en 1997, el doctor Michael Heffernan de la Clínica para el Control del Dolor de Rockfort, en Texas, llegó a la conclusión de que la frecuencia eléctrica de los tejidos blandos llega a su máximo durante los procesos terapéuticos y vuelve a los niveles normales con la resolución de las heridas.

Estrés geopático

Debido a que nuestro cuerpo utiliza campos eléctricos endógenos por diferentes razones (ver página 28), algunas aún desconocidas, la presencia de electrones extraviados de un campo eléctrico externo, sea éste natural o artificial, puede provocar enfermedades. Los ríos subterráneos son una de las causas naturales de variación en el campo eléctrico de la Tierra. Conocidas como corrientes negras por los buscadores de agua, han sido identificadas como causas de enfermedad desde hace siglos. A finales del siglo XVIII, Lady Milbanke, amiga del poeta inglés Byron, conoció a un muchacho francés cuya sensibilidad a los ríos subterráneos era tal que gritaba de

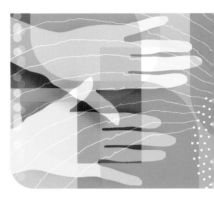

Un caso

En 1999 Sergei Gerasimov, médico ucraniano de la Universidad Estatal de Lviv, observó cierta correlación entre la esclerosis múltiple y la intensidad del campo geomagnético local. Por ejemplo, en Oslo (Noruega), la elevada incidencia de este padecimiento, que llega a 60 por cada 10.000 individuos, coincide con un elevado índice del campo geomagnético, que se ubica en 154 unidades. Sin embargo, en Adén (Yemen), la incidencia de la esclerosis múltiple es de sólo tres por cada 10.000 habitantes y el índice del campo geomagnético es muy bajo, únicamente 12 unidades. Gerasimov sugiere que, como la actividad solar tiene un profundo impacto sobre las perturbaciones del campo geomagnético, también podría influir de manera indirecta en los patrones epidemiológicos de la esclerosis múltiple.

dolor cuando caminaba sobre ellos. Aunque estos ríos se presentan de manera natural, otros más se crean artificialmente cuando las corrientes de agua son conducidas por el subsuelo para poder construir edificios sobre la superficie.

Al fluir y ser conducidas las aguas por tubos subterráneos, se crean campos eléctricos irregulares debido a que las moléculas de agua pierden electrones por la fricción contra las paredes de los tubos y estos campos pueden alcanzar niveles muy elevados.

Más recientemente, se ha observado que las corrientes subterráneas influyen en la incidencia del síndrome de fatiga crónica, como se puede ver en los casos expuestos a la izquierda. Esta enfermedad moderna, también conocida como encefalitis miálgica o fibromialgia, apareció por primera vez en la década de 1950. Debemos preguntarnos por qué no sucedió antes, puesto que las tuberías y los ríos subterráneos ya existían anteriormente. Es posible que la respuesta esté en las primeras transmisiones de televisión que se iniciaron en esa época. Tal vez la combinación de estos dos campos eléctricos fue lo que tuvo efectos devastadores sobre la salud.

Casos

Uno de los primeros brotes del síndrome de fatiga crónica apareció entre los meses de julio y octubre de 1955, entre las enfermeras del Royal Free Hospital, de Londres. Más de 250 enfermeras fueron hospitalizadas y otras tuvieron que recibir también tratamiento médico. Doce pacientes desarrollaron plenamente el síndrome y presentaron dolor de cabeza, depresión e inestabilidad emocional, dolor en las extremidades y vértigo, entre otros síntomas. Durante la segunda y la tercera semanas, su estado empeoró y sufrieron parálisis facial, vértigo y disfunciones motoras.

El dormitorio de las enfermeras estaba en la calle Fleet Road, bajo la cual corre un importante río. En las investigaciones formales sobre el brote de esta enfermedad no se consideró la posibilidad de que su causa principal hubiese sido el estrés geopático.

En el Middlesex Hospital, donde en 1952 se presentó otro brote semejante, las enfermeras afectadas descansaban en un dormitorio cercano al colector principal del alcantarillado. Asimismo, en el brote de 1970-1971 ocurrido en el Great Ormond St. Children´s Hospital, el dormitorio de las enfermeras estaba sobre una gruesa tubería subterránea de agua potable.

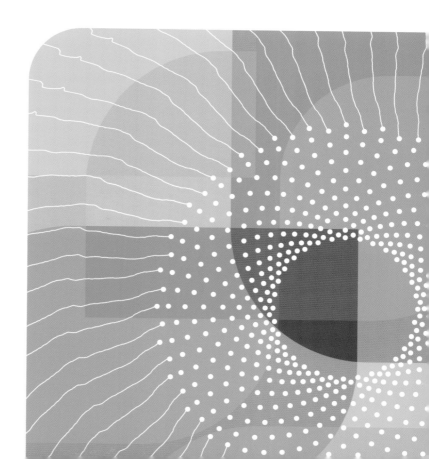

usos prácticos

La capacidad de los imanes para acelerar el flujo de los líquidos y evitar su bloqueo tiene aplicaciones técnicas y para la salud.

Ahorro de combustible

El principio de que los imanes pueden alinear la rotación de los electrones no emparejados (ver página 20) es ya utilizado para mejorar la combustión en los motores. Para ello se hace pasar el combustible por un campo magnético de alrededor de 1.400 gauss (140 militeslas) antes de que entre en la cámara de combustión. Este campo magnético modifica la trayectoria de los iones de hidrógeno y los hace girar alineados, lo cual facilita las reacciones posteriores. De este modo, los hidrocarburos del combustible fluyen con mayor estabilidad y se mezclan más fácilmente con el carbono y el oxígeno del aire en la cámara de carburación, mejorando el proceso de la combustión.

Algunas empresas han sido precursoras en la aplicación de este principio y ofrecen imanes diseñados para colocarlos sobre los tubos del combustible, con lo que, aseguran, se logra un ahorro superior al 10 por ciento y se consiguen emisiones más limpias.

A pesar de las controversias, un conocido estudio realizado por el gobierno inglés confirma la efectividad de los imanes para este fin. Tras colocar imanes en todos sus automóviles, una empresa del Shropshire dedicada al alquiler de coches informó sobre un ahorro del 10 por ciento en el consumo de diesel y puso el ejemplo de un Peugeot 309 GLI, el cual, tras la instalación de los imanes mejoró su rendimiento pasando de 15 a 17 kilómetros por litro.

Todo parece indicar que el uso de imanes sobre los tubos de combustible en los coches reduce los costos y ayuda a evitar la emisión de gases nocivos.

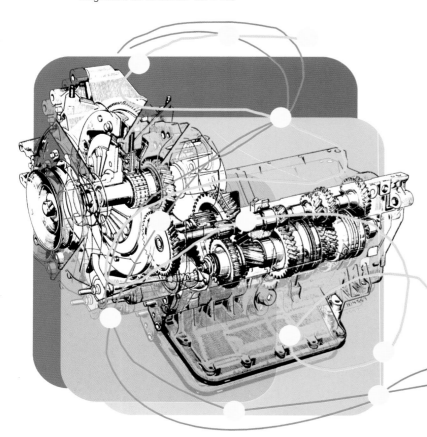

El uso de imanes en las tuberías

También se pueden usar imanes para evitar y eliminar el sarro de las tuberías residenciales e industriales de agua. Posiblemente haya usted observado la acumulación de calcio y otras sales minerales que se da en las cafeteras y que termina por dañar el sistema, pues lo mismo sucede en las tuberías. La utilización de imanes genera un campo magnético que mantiene suspendidos los iones de calcio con carga positiva y no permite que se adhieran a las paredes de los conductos.

Imanes para mitigar el dolor

Así como ayudan a evitar la acumulación de sarro en las tuberías, los imanes reducen la obstrucción de las arterias y mejoran el flujo sanguíneo. En el capítulo 3 se explica este efecto (páginas 74-5) con más detalle. Un mejor flujo sanguíneo significa que el oxígeno molecular y los analgésicos naturales del organismo, conocidos como endorfinas, son transportados de manera más efectiva a través del torrente.

Los campos magnéticos afectan a los átomos de hierro con carga positiva presentes en la hemoglobina, lo cual les permite llevar más oxígeno a los músculos. Esta mayor disponibilidad biológica de oxígeno hace que los músculos puedan trabajar más, antes de cansarse y empezar a doler.

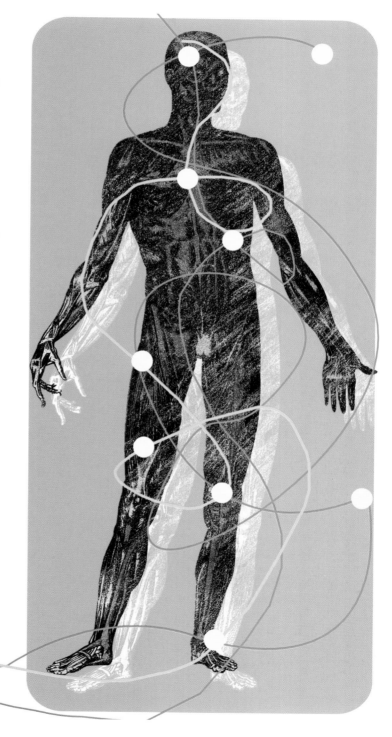

capítulo 2
la salud magnética

En los últimos 50 años, la tecnología basada en la electricidad ha revolucionado nuestra existencia. A causa de ello, nuestro entorno se ve ahora envuelto por campos magnéticos y eléctricos artificiales.

En este capítulo se exploran los posibles efectos negativos de estos campos creados por el hombre, sobre la salud y el bienestar. Asimismo, se presentan sugerencias prácticas sobre la forma en que se puede reducir la exposición a ellos.

Los campos eléctricos y magnéticos domésticos varían de manera importante y se pueden ver afectados por factores como la distribución de los circuitos eléctricos, la forma en que se instalan los cables en los aparatos electrodomésticos y el lugar donde éstos se colocan. Mediante simples procedimientos prácticos se muestra la forma de reducir nuestra exposición a los campos alternos mientras dormimos, cuando es probable que nuestro organismo se vea más afectado por estos campos potencialmente perniciosos. Las guías para las distintas habitaciones muestran los procedimientos que se deben seguir para protegernos en todas las áreas de nuestro hogar.

Este capítulo termina con un análisis de las fuentes de campos eléctricos potentes en un entorno más amplio, como las líneas de alta tensión, los trenes eléctricos y las estaciones de telefonía móvil. Se dan recomendaciones con respecto a las distancias seguras para la construcción de residencias cerca de tales instalaciones y también otras medidas que se pueden aplicar para protegernos de sus efectos.

nuestro entorno eléctrico

Estamos rodeados de campos eléctricos, naturales y artificiales.

Las tormentas eléctricas generan un campo eléctrico natural, en el que la atracción entre las nubes cargadas positivamente y la carga negativa de la superficie de la Tierra se traduce en un relámpago (ver página 31). Estos intercambios eléctricos tienen efectos importantes sobre la salud.

Otros campos eléctricos que se presentan de manera natural son benéficos. El aire del mar es agradable y vigorizante porque está cargado negativamente. Cuando las olas llegan a la playa, se liberan electrones de sus átomos y forman nubes de iones negativos. Durante mucho tiempo se ha pensado que el aire de las montañas tiene propiedades saludables. Esto se debe a los iones negativos que se acumulan alrededor de las cimas.

Sin embargo, la mayor parte de los campos eléctricos que nos rodean no ocurren de forma natural. Estamos envueltos por un cóctel de diferentes ondas electromagnéticas: ondas de radio que transmiten señales de radio y televisión, microondas de satélites, campos eléctricos derivados de los cables eléctricos, etc. Todas ellas se integran a un nivel básico de actividad eléctrica, que se puede medir incluso en áreas rurales vírgenes y deshabitadas. Puesto que no nos estamos muriendo como moscas, parece que los campos eléctricos de bajo nivel no son muy perjudiciales para nuestra salud. Sin embargo, en nuestra casa, cerca de instalaciones de alta tensión, líneas férreas electrificadas o antenas de telefonía móvil, los campos pueden ser mucho mayores.

¿En qué nivel se vuelven peligrosos estos campos eléctricos? Las investigaciones empiezan a dar algunas respuestas a esta interrogante, aunque aún no se hayan incorporado al pensamiento oficial. Los parámetros de exposición del Consejo Nacional de Estados Unidos para la Protección contra la Radiación (USNCRP, por sus siglas en inglés) establecen que, para el público en general, el nivel de seguridad es de 5.000 voltios por metro. Es el mismo que en Europa. Sin embargo, la Junta de Protección Radiológica Nacional del Reino Unido (NRPB, por sus siglas en inglés) sugiere que los campos pueden alcanzar a un nivel de 12.000 voltios por metro antes de que

Un caso

A principios de la década de 1950, se observó que la embajada de Estados Unidos en Moscú era la que tenía los índices más elevados de incidencia de cáncer en todo el mundo. Este hecho dio origen a la investigación conocida como Proyecto Pandora, en la que se llegó a la conclusión de que el sistema de inmunidad del personal diplomático se había visto disminuido de manera importante, posiblemente debido a la ligera radiación de microondas generada por un sistema diseñado para obtener información de manera clandestina. El personal estuvo expuesto a un nivel aproximado de $18\mu W/cm^2$) (microvatios por centímetro cuadrado). Investigaciones posteriores han permitido confirmar que un importante efecto adverso de la radiación de microondas es que daña las células del sistema inmunológico.

Investigación

En una investigación realizada en los Laboratorios de Investigación Coghill tomamos un cultivo de linfocitos de un sujeto y los colocamos en cuatro contenedores separados. Los linfocitos son células que viajan por el torrente sanguíneo y atacan a los cuerpos extraños. Uno de los recipientes se conectó con el campo eléctrico endógeno del donante de linfocitos mediante un alambre de oro unido a su piel. Otro se conectó con el campo endógeno de otro individuo; otro, a un campo eléctrico artificial y, el último, sirvió de control. El experimento se repitió varias veces y siempre se obtuvieron los mismos resultados. Las células expuestas al campo eléctrico del donante se mantuvieron viables durante mucho más tiempo que las de los otros recipientes. En realidad, el campo eléctrico artificial, y el campo magnético endógeno del otro sujeto, tuvieron efectos adversos sobre dichas células. En otras palabras, las señales endógenas del donante de alguna forma son importantes para el bienestar de sus células. Llegamos a la conclusión de que los campos eléctricos endógenos tienen una función biológica y son importantes para el sistema inmunológico humano.

en realidad se requiera cualquier investigación sobre sus efectos sobre la salud. En Rusia se calcula que el nivel seguro es sólo de 500 voltios por metro.

Efectos de los campos eléctricos sobre el cuerpo

El hombre ha evolucionado en presencia del campo magnético estático de la Tierra, por lo que los campos eléctricos endógenos se han desarrollado para funcionar perfectamente en él. Sin embargo, los campos magnéticos y eléctricos alternos, generados por los aparatos electrodomésticos modernos, son relativamente nuevos, y sus efectos pueden ser nocivos.

En el organismo, los electrones no emparejados, conocidos como radicales libres, pueden dañar a las células, interfiriendo en la síntesis de energía a nivel celular. Ciertas enzimas y algunas hormonas naturales, como la melatonina, cumplen una función primordial en la eliminación de estos peligrosos electrones sueltos. Pero un campo eléctrico fuerte y su consecuente campo magnético alterno pueden desviar el flujo de electrones de tal forma que estos mecanismos integrados de seguridad se vean saturados y sean incapaces de reaccionar.

En un campo eléctrico alterno, los electrones pulsan en ondas. La dirección de la corriente varía 50 veces por segundo en el Reino Unido y 60 en Estados Unidos (ver página 25). El ritmo de estas ondas puede interferir con los ritmos del campo endógeno del organismo, como los latidos del corazón. Además, diversas investigaciones concluyen que los campos endógenos son importantes para el sistema inmunológico celular y que, si se altera este mecanismo natural, se verá afectada la capacidad del sistema inmune.

Efectos de los campos magnéticos

La corriente alterna con la que funcionan los electrodomésticos genera un campo de frecuencia extremadamente baja (FEB). En estos campos no existe una relación simple entre los componentes magnéticos y eléctricos, que se deben medir por separado. La mayoría de las investigaciones sobre los efectos de las líneas eléctricas sólo se han centrado en los campos magnéticos, por lo que no se han analizado los riesgos del campo eléctrico.

El componente magnético alterno de un campo eléctrico alterno penetra en los tejidos del cuerpo y es capaz de inducir un campo eléctrico en su interior (ver página 24). Esto no necesariamente debe ser perjudicial —en el capítulo tres se explica la forma en que tales campos inducidos pueden curar, si se aplican las frecuencias precisas que imitan o inhiben los impulsos eléctricos del cerebro. Pero, en términos generales, es mejor protegernos de las alteraciones eléctricas.

los campos eléctricos domésticos

Los niveles de los campos eléctricos existentes en el hogar pueden variar de manera importante, dependiendo de los electrodomésticos y de la posición en que se ubiquen.

En nuestras casas abundan los aparatos eléctricos, desde dispositivos para ahorrar trabajo, como frigoríficos y lavadoras, hasta aparatos de entretenimiento y trabajo, como vídeos, reproductores de discos compactos (CD), ordenadores, teléfonos móviles y aparatos de fax. Iluminamos nuestras habitaciones, preparamos nuestros alimentos y calentamos el agua y nuestras habitaciones con electricidad.

Todos estos aparatos generan campos eléctricos. Y lo mismo sucede con los circuitos eléctricos del interior de la casa, con los cables eléctricos que traen la electricidad hasta ella y con otros que pasan cerca de ella. Desde fuera, las líneas aéreas de alta tensión, las señales de radio y televisión y las señales de las antenas de telefonía móvil también influyen en los campos eléctricos del hogar.

En la mayoría de las casas el nivel básico del campo eléctrico es de entre 1 y 10 voltios por metro (Vm^{-1}), el cual parece no ser perjudicial. Diversas investigaciones sugieren que los efectos adversos parecen presentarse con campos superiores a 20Vm^{-1}, en contraposición con las recomendaciones oficiales de 12.000Vm^{-1} (página 38). Tensiones tan altas no se encuentran muy a menudo en las casas, pero se pueden presentar cerca de los electrodomésticos. Asimismo, cada aparato genera su propio campo y estos pueden interactuar de modos bastante complejos. Es posible que el campo en un lugar determinado cambie de forma bastante brusca si se enciende otro electrodoméstico incluso a cierta distancia. En una ocasión observé que los campos eléctricos de una habitación de repente variaban alrededor de las siete todas las noches alcanzando niveles muy elevados y luego volvían a disminuir todas las mañanas, poco antes del amanecer. Por más que me esforzaba, no podía determinar la causa de tales cambios. Finalmente, llegué a la conclusión de que dicho fenómeno lo causaba el encendido y el apagado automático del alumbrado urbano.

Otro ejemplo extraño de la naturaleza de los campos eléctricos lo observé después de realizar un experimento con un medidor en la mesa de mi salón, yéndome luego a dormir. Dicho dispositivo tenía una alarma integrada que se accionaba si el campo eléctrico rebasaba determinados niveles. Horas después encendí la lámpara de mi mesilla de noche y súbitamente escuché la alarma del medidor dejado en el salón. Dejó de sonar cuando la apagué. Al encender aquella lámpara, de alguna manera se incrementaba el campo eléctrico del salón, que estaba abajo.

Debido a estas interacciones, la única forma de saber si estamos siendo expuestos a campos eléctricos extraordinarios en alguna parte de la casa consiste en medir continuamente los puntos durante un determinado espacio de tiempo. Las mediciones aisladas de ciertos sitios no dan una imagen precisa. Muchos de los medidores que están a la venta solamente evalúan el componente magnético, por lo que es necesario asegurarse de utilizar un aparato que mida ambos campos, los eléctricos y los magnéticos (ver la sección de recursos en la página 120).

Un caso

En una ocasión visité la casa de una famosa escritora que padecía síndrome de fatiga crónica. Había escrito algunos de sus éxitos en un viejo ordenador cuyo monitor emanaba elevados campos eléctricos y yo pensaba que esa era la causa de su mal. Aunque la convencí de que lo cambiara por un modelo de baja radiación, no logré persuadirla de que desechara su manta eléctrica y que se consiguiera una de algodón. Por ello no me sorprendió que, aunque aminoraron los síntomas del síndrome de fatiga crónica después de cambiar de ordenador, aún sufre dicho padecimiento.

Investigación

En nuestro laboratorio se midieron los campos eléctricos de las habitaciones de 60 personas aquejadas de síndrome de fatiga crónica y se llegó a la conclusión de que, evidentemente, todas estaban expuestas a elevados campos eléctricos. Muchas vivían en casas que hacían esquina, por lo que estaban expuestas a cables subterráneos que pasaban por dos lados de sus casas.

El efecto de los metales

Los metales conducen la electricidad, por lo que si se coloca un objeto de metal en un campo eléctrico, el campo se extenderá por todo el objeto metálico. Varias veces me he encontrado con casos de síndrome de fatiga crónica o de leucemia infantil cuyos pacientes dormían en camas de latón, cerca de la fuente de un campo eléctrico; en consecuencia, la cama generaba un elevado campo eléctrico. Los colchones con resortes de acero pueden generar un efecto similar. Los radiadores de metal también conducen un campo eléctrico, por lo que es conveniente evitar que las camas estén cerca de ellos.

Este problema de los materiales conductores puede complicar de manera significativa el perfil de los campos eléctricos domésticos. En algunas casas, los muros divisorios están hechos de paneles aislados con aluminio. Las instalaciones eléctricas corren a lo largo de la lámina de aluminio extendiendo así el campo eléctrico por todo el muro.

Variaciones estacionales

Hace muchos años, la organización inglesa National Grid publicó un perfil estacional del uso doméstico de la electricidad para distintos tipos de casas. Se llegó a la conclusión de que había una importante disminución en el consumo de la electricidad durante los meses de verano (aunque no se incluyó agosto, pues el equipo de medición se fue de vacaciones) siendo el consumo máximo en febrero. En investigaciones semejantes, realizadas en Australia, se observó que en aquel continente se registra un modelo invertido, el cual corresponde a las estaciones en el hemisferio sur. En algunos estados de la Unión Americana, el consumo de electricidad se incrementa durante los meses de verano, debido a la utilización de aparatos de aire acondicionado.

campos magnéticos domésticos

Los circuitos eléctricos podrían generar fuertes
campos magnéticos en el hogar.

En la mayoría de las casas, el nivel de los campos magnéticos alternos es
de entre 40 y 50 nanoteslas (nT). La fuente de estos campos magnéticos
es la misma que la de campos eléctricos, es decir, los electrodomésticos o
las líneas eléctricas externas, porque todos los campos eléctricos tienen un
componente magnético. En las investigaciones sobre los campos magnéticos se ha visto que los efectos adversos comienzan a aparecer cuando los
niveles se encuentran aproximadamente cinco veces por encima de lo normal, esto es, alrededor de 200nT, pero se trata todavía de evidencias débiles, realmente hasta por encima de los 400nT no se ha demostrado su gravedad. No en muchas casas se registran tales niveles, salvo cuando se
está muy cerca de algunos electrodomésticos, y sólo cuando estos se
encuentran encendidos. La tabla que se presenta más adelante muestra
algunos ejemplos de campos magnéticos generados por los aparatos eléctricos domésticos más usuales.

     Otra causa común de fuertes campos magnéticos en el hogar son
las corrientes desequilibradas. Alrededor de todo cable por el que pasa
corriente se genera un campo magnético (ver página 24). Cuando el cable
que sale de un circuito está cerca del alambre que regresa del aparato a la
caja de fusibles para cerrar el circuito, los campos magnéticos de ambos
alambres tienden a contrarrestarse. Para asegurar esto, muchos cables de
distribución se trenzan para formar manojos (conocidos como ABC). No
obstante, si los alambres de salida y de retorno se encuentran alejados, se
establecerá un circuito desequilibrado y es posible que los campos magnéticos sean fuertes. Un ejemplo típico es el circuito de una escalera, en la
que se puede encender la luz desde abajo o desde arriba.

     Normalmente, el circuito de suministro eléctrico doméstico asegura
que los alambres de salida y de retorno se mantengan juntos y sigan una
misma ruta desde el transformador que suministra la electricidad hasta los
hogares a los que da servicio. Se pueden presentar corrientes de retorno de
tierra desequilibradas si la ruta del transformador forma un ángulo agudo,
también cuando el suelo es muy poroso o cuando el sistema de toma de tierra permite que la corriente vuelva al transformador a través de la tierra, en
lugar de a través del cable neutro. De este modo, se puede formar un largo
enlace de tierra, cuyos campos magnéticos suelen ser muy fuertes.

Los electricistas se cercioran de que esto no suceda midiendo la corriente para ver si no está desequilibrada. Si detectan una corriente de tierra, deben localizarla y eliminarla.

Una vez me pidieron que revisara los monitores de los ordenadores en una escuela de capacitación, en la que los alumnos observaron que media docena de los aparatos siempre parecían provocarles dolor de cabeza. Era extraño porque todos eran del mismo modelo, pero seis habían sido agregados varios meses después del primer lote. Al investigar, observé que se había instalado un cable adicional de manera inadecuada, por lo que los alambres neutro y de salida estaban en posición invertida. Por ello, los seis nuevos ordenadores generaban campos magnéticos más fuertes que sus primeros compañeros idénticos.

Una instalación eléctrica hecha de forma equivocada puede crear un circuito desequilibrado en un electrodoméstico, y quizás generar campos magnéticos demasiado fuertes. Siempre es necesario seguir las instrucciones de los fabricantes a la hora de instalar los aparatos y pedir a un electricista cualificado que instale los accesorios eléctricos, para asegurarnos de que no se presenten estos problemas.

Fuerzas de los campos

En esta tabla se presentan las fuerzas de los campos magnéticos y eléctricos de los electrodomésticos más comunes a distancias normales del usuario.

	Fuerza del campo magnético	Fuerza del campo eléctrico	Distancia del usuario
Televisión	70nT	$20Vm^{-1}$	100 cm
Cafetera/tetera eléctrica	50nT	$6Vm^{-1}$	50 cm
Aspiradora	780nT	$8Vm^{-1}$	50 cm
Secador de pelo	17,440nT	$95Vm^{-1}$	5 cm
	120nT	$11Vm^{-1}$	50 cm
Lavadora	960nT	$15Vm^{-1}$	50 cm
Plancha	1840nT	$9Vm^{-1}$	5 cm
Radio con reloj	50nT	$20Vm^{-1}$	50 cm
Horno de microondas	1660nT	$3Vm^{-1}$	50 cm
Bomba de calefacción central	210nT	$15Vm^{-1}$	50 cm

cómo protegernos

Procedimientos sencillos que pueden disminuir nuestra exposición a los campos eléctricos peligrosos y reducir sus riesgos para la salud.

Todos gozamos de los beneficios de los electrodomésticos y, la mayoría, no lograríamos sobrevivir sin ellos más de dos días. Sin embargo, las pruebas sugieren que una prolongada exposición a los campos eléctricos que emiten puede afectar a nuestra salud. Si seguimos los cuatro pasos prácticos que se mencionan a continuación, nos protegeremos de algunos de los efectos perjudiciales de los campos eléctricos que tenemos en nuestra casa.

1. Evitar poner las camas junto a aparatos eléctricos

El sitio donde dormimos es importante. La mayoría de los adultos duerme alrededor de ocho horas cada día y los niños lo hacen aún más. En consecuencia, si dormimos en un campo eléctrico nos expondremos a sus efectos potencialmente perniciosos durante largos espacios de tiempo. Algunos científicos creen que la reparación celular del organismo ocurre durante el sueño. Los campos eléctricos alternos y también los magnéticos, pueden interferir con estos delicados procesos (véase página 28). Por esta misma razón, también los sillones y sofás deben estar lejos de los aparatos eléctricos.

Los contadores que miden nuestro consumo de electricidad son instrumentos que quizás no consideraríamos como aparatos, pero utilizan corriente todo el tiempo y pueden generar fuertes campos, incluso al otro lado del muro en el que están instalados. Por lo tanto, es importante revisar su posición antes de colocar los muebles.

2. No dormir cerca de calentadores eléctricos

En el Reino Unido y en algunos otros países, las tarifas eléctricas son bastante más bajas por la noche que durante el día. Para aprovechar esta circunstancia, algunos calentadores eléctricos están diseñados para funcionar por las noches. Los calentadores de almacenamiento eléctrico calientan las piedras que tienen dentro durante la noche y liberan el calor a lo largo del día. Asimismo, los calentadores eléctricos de tanques de agua caliente templan el agua durante la noche. Todo aquello que se coloque cerca de ellos se verá expuesto a sus efectos dañinos, por lo que la solución evidente es no poner

Un caso

Un periódico estadounidense de circulación nacional me pidió que investigara las razones por las que un grupo de 19 niños había muerto en una pequeña zona de California, debajo de un lugar de transmisión de radio y microondas recién instalado. En todos los casos, el campo eléctrico en el dormitorio de los niños era extremadamente elevado, salvo en un caso, en el que era perfectamente normal.

Decidí profundizar mi investigación en ese caso. La madre me explicó que había tenido un embarazo normal y que su hija había nacido sana. Cuando tenía seis semanas pasaron unas vacaciones en una cabaña de troncos en el lago Tahoe, en el norte de California. Empezó a refrescar, por lo que durante la noche pusieron la cuna cerca de la chimenea eléctrica.

Una semana más tarde notaron que la niña se estaba resfriando, entonces decidieron subir el calor de la chimenea eléctrica. Diez días después estaba ya muy mal, por lo que decidieron volver a casa, donde la pequeña murió la misma noche de su regreso.

tampoco la cama junto a ellos. Deberemos pensarlo dos veces antes de colocar la cuna de un bebé en la habitación donde esté instalado el tanque de agua caliente y el calentador eléctrico, aunque la habitación pueda ser cómoda y caliente.

Si necesitamos utilizar un calentador eléctrico por la noche, deberemos colocarlo lo más lejos posible de la cama, de tal forma que caliente el ambiente de la habitación, no a nosotros directamente.

3. Apagar y desconectar los aparatos después de usarlos

Siempre que fluye corriente por un aparato se genera un campo eléctrico a su alrededor. En algunos de ellos el interruptor de encendido se localiza en el circuito de cables después de que la corriente ha pasado por el aparato, por lo que, incluso cuando se encuentra apagado, fluye corriente por él y se genera un campo eléctrico.

El problema se puede resolver desconectando el cable de toma de corriente después de apagar el aparato.

4. Debemos alejarnos de los aparatos eléctricos

En la tabla que aparece en la página 43 se presentan los valores del campo de algunos electrodomésticos, tomando en cuenta la distancia típica a la que se instalan de los usuarios. Conforme nos alejamos de la fuente, disminuye la fuerza del campo (página 23), por lo que es lógico que no debamos sentarnos demasiado cerca del televisor, por ejemplo.

Diversas herramientas manuales como taladros, lijadoras, podadoras o secadores de pelo, generan fuertes campos eléctricos y se mantienen cerca del cuerpo. Con frecuencia sólo las utilizamos un minuto o dos; sin embargo, cuando se trata de trabajos mayores, como lijar el suelo de una habitación, es posible que nos expongamos durante mucho más tiempo. Tal vez también usemos estas herramientas en nuestro trabajo. Si necesitamos utilizar este tipo de herramientas durante mucho tiempo, debemos tomar un descanso de, al menos, 10 minutos cada hora.

Es necesario seguir los sencillos pasos descritos, pero no hay que perder la perspectiva. El estrés provocado por la preocupación excesiva con respecto a los campos electromagnéticos, a la larga podría tener efectos más graves para la salud que los propios campos.

Entre las páginas 46 y 53 se hace un análisis detallado de los aparatos eléctricos que más comúnmente se utilizan en el hogar, con sugerencias concretas sobre la forma de usarlos con seguridad, limitando la exposición a sus campos eléctricos.

la cocina

Nos debemos proteger de los campos eléctricos que generan los electrodomésticos.

En las cocinas modernas existen muchas máquinas y aparatos eléctricos y también suelen ser el centro del hogar donde sus habitantes comen y se reúnen, además de preparar sus alimentos.

La plancha

Al igual que otros aparatos eléctricos manuales comunes, la plancha genera un campo eléctrico y se mantiene cerca del cuerpo. Hay que tratar de limitar la exposición a este aparato: si planchamos durante mucho tiempo, tenemos que asegurarnos de hacer descansos de 10 minutos cada hora.

Los enchufes eléctricos

Inevitablemente hay un campo eléctrico a su alrededor. Es muy poco probable que pasemos demasiado tiempo junto a ellos en la cocina, pero en otras habitaciones debemos asegurarnos de mantener los sillones y cama alejados de ellos.

La radio

Los campos eléctricos que genera un aparato de radio no son muy fuertes, por lo que es muy poco probable que tenga efectos negativos.

La cafetera eléctrica

No existen pruebas que demuestren que hervir agua con electricidad influya en el agua de tal forma que sea perjudicial para la salud. Pero las cafeteras que mantienen caliente el café generan fuertes campos, por lo que no debemos colocarlas donde quizás vayamos a pasar mucho tiempo sentados. La cafeína (como la nicotina y el alcohol) penetra en la barrera sanguínea del cerebro y disminuye la capacidad del sistema inmunológico. Es posible que los campos electromagnéticos y la radicación intensifiquen su efecto.

El frigorífico y el congelador

Estos aparatos necesitan funcionar todo el tiempo para mantener una temperatura constante, por lo que aunque sus campos no son fuertes, sí son permanentes. Debemos procurar no colocarlos al otro lado del muro donde esté nuestra cama o el sofá.

La cocina y el horno eléctricos

Estos aparatos generan fuertes campos magnéticos. Posiblemente tengamos que permanecer cerca cuando, por ejemplo, haya que remover los alimentos con frecuencia, pero en general debemos mantenernos alejados de ellos cuando estén encendidos.

El horno de microondas

Todos los hornos de microondas son probados para comprobar que los niveles de exposición externa sea menores de 5000mW/cm^2. Sin embargo, se ha informado de efectos negativos graves por exposiciones de sólo 18μW/cm^2 (ver página 38). No debemos quedarnos frente a estos aparatos cuando se preparen alimentos, pues los campos eléctricos son muy fuertes junto a ellos, muchas veces al nivel de los ojos (y, por tanto, del cerebro).

A diferencia de los campos eléctricos, la radiación de los hornos de microondas no se interrumpe cuando se apagan. Por tal motivo, es aconsejable seguir las instrucciones y dejar reposar los alimentos durante cinco minutos después de haberlos calentado.

la sala de estar

Debemos protegernos de los campos eléctricos existentes en el lugar donde nos relajamos.

Las luces tenues, una cálida chimenea, música suave y la tranquilizante influencia de peces nadando crean un ambiente relajante. Sin embargo, los aparatos que generan este ambiente también producen campos eléctricos.

Los reproductores de discos compactos y casettes

Algunas personas prefieren dejarlos conectados todo el tiempo para evitar descargas eléctricas que podrían dañar los circuitos. Si lo hacemos, debemos asegurarnos de que no estén cerca del sofá donde nos relajamos.

Las lámparas de mesa

Las lámparas con base de metal generan fuertes campos magnéticos. Existen pruebas anecdóticas de personas que sufren frecuentes accesos de migraña o jaquecas después de sentarse a leer durante largos espacios de tiempo junto a dichas lámparas. Cuando estas lámparas fueron sustituidas por otras de madera, cesaron los dolores de cabeza.

Las extensiones eléctricas

Siempre es necesario desenrollar completamente las extensiones antes de usarlas; de lo contrario, los campos creados por el alambre enredado serán muy elevados e incluso se podría provocar un incendio.

Los interruptores de luz regulables

Este tipo de interruptores generan campos eléctricos muy fuertes, si no tienen una cubierta de latón bien conectada a tierra. Tenemos que asegurarnos de que nuestro sofá o sillón (o en nuestra habitación, la cama) no estén cerca de este tipo de interruptores.

Las lámparas comunes

Al igual que las lámparas de mesa, es necesario evitar el uso de lámparas con base de metal, especialmente latón, cerca de un sillón o en cualquier sitio donde pasemos largos ratos descansando.

Los radiadores térmicos eléctricos

Los campos en torno de estos aparatos pueden ser fuertes, por lo que no deberemos sentarnos directamente frente a ellos. Es aconsejable calentar el aire de la habitación, no calentarnos nosotros directamente. (Véase el caso de la página 45).

La televisión

Los campos eléctricos son fuertes cerca de la pantalla, quizás de unos 50 voltios por metro. Sin embargo, a 2,50 metros el nivel del campo será ya bajo. Por ello no es aconsejable sentarnos muy cerca de la pantalla —los niños suelen hacerlo— y utilizar el mando a distancia para cambiar de canal.

Las peceras

Generalmente, la bomba o el calentador utilizan un transformador y el campo eléctrico se transmite a través del agua de la pecera, por lo que todo el recipiente se puede convertir en un enorme campo eléctrico. Hay que colocarlas lejos de los lugares donde nos sentemos a descansar durante prolongados espacios de tiempo.

el dormitorio

Tenemos que protegernos de los campos eléctricos existentes en el lugar donde dormimos.

Probablemente pasamos más tiempo en nuestro dormitorio que en ninguna otra habitación. Los campos eléctricos del dormitorio nos afectan mientras dormimos, pero existen formas sencillas de reducir nuestra exposición a ellos.

Los ionizadores negativos

Este es un aparato eléctrico útil en la habitación, siempre y cuando se instale lejos de la cama, al otro lado del dormitorio. Los iones negativos estimulan la circulación y la disponibilidad de oxígeno en la sangre, dándonos así más energía (véase página 31).

Las mantas eléctricas

Las mantas eléctricas son los aparatos que generan los campos más fuertes y los que más cerca del cuerpo se sitúan. Si las dejamos conectadas toda la noche, nos expondremos a estos campos durante demasiado tiempo. En algunas mantas eléctricas el circuito eléctrico está hecho de forma que el interruptor se halla después que la corriente ha pasado por la manta. En estos casos, tal vez no sea suficiente desactivar el interruptor. La forma más segura consiste en usar la manta para calentar la cama y luego desconectar el cable de la toma de corriente de la pared antes de meterse en la cama.

El secador de pelo

Al igual que los cepillos eléctricos, los secadores de pelo generan fuertes campos eléctricos y se mantienen muy cerca de la cabeza. Tenemos que limitar todo lo que podamos nuestra exposición a ellos.

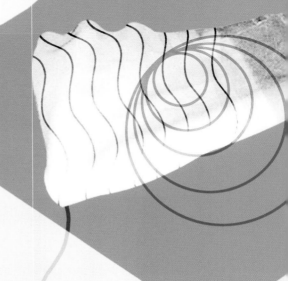

La ducha eléctrica

El campo eléctrico de este tipo de ducha es fuerte sólo cuando ésta se encuentra funcionando. Por lo tanto, es poco probable que tenga efectos perjudiciales sobre nuestra salud.

Los monitores para bebés

Estos aparatos son de dos tipos: eléctricos o inalámbricos. Ambos transmiten frecuencias de radio y los eléctricos también generan campos eléctricos. Por lo general se dejan funcionando toda la noche, para que los padres puedan oír el llanto del niño desde su habitación. El monitor deberá colocarse al otro lado de la habitación, lo más lejos posible del niño, donde todavía pueda captar los sonidos de manera adecuada.

Las radios con reloj y alarma

Estos aparatos por lo general se colocan cerca de la almohada y, debido a su función, siempre están encendidos. Son una fuente común de exposición cercana a campos eléctricos de corriente alterna. Es necesario ponerlos al otro extremo de la habitación, para no dormir en su campo eléctrico. Así tendremos que levantarnos a apagarlos por la mañana y estaremos seguros de despertarnos.

Las lámparas de la mesita de noche

Las lámparas con base de metal generan fuertes campos eléctricos, por lo que deberemos escogerlas con base de cerámica o de madera.

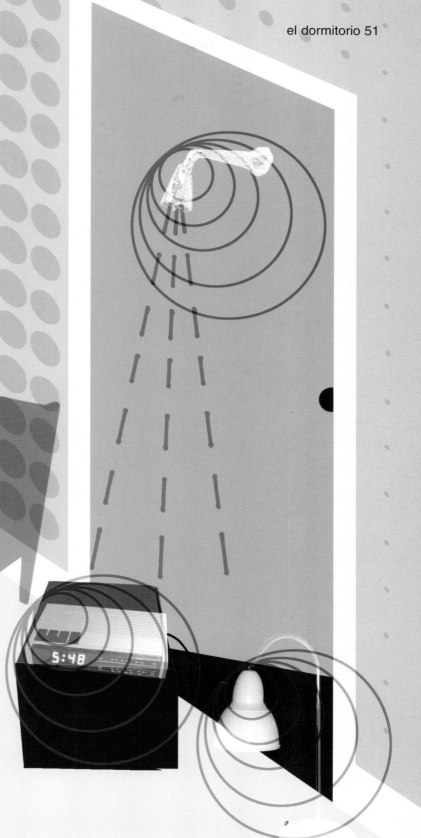

el cuarto de trabajo y estudio

Debemos protegernos de los campos eléctricos existentes en nuestro entorno de trabajo.

En la mayoría de las casas existe ahora un ordenador personal y otros aparatos eléctricos que normalmente se consideraban como equipo de oficina, como los contestadores y los aparatos de fax. Y parece que la tendencia continúa, pues son cada vez más las personas que trabajan en su casa. En el cuarto de trabajo los niños también pueden hacer sus tareas, navegar por Internet o distraerse con juegos de ordenador.

El teléfono inalámbrico

Estos aparatos utilizan frecuencias mucho menores que los teléfonos móviles y no existen investigaciones en las que se haya informado de una elevada incidencia de padecimientos derivados de su utilización. No obstante, los más modernos teléfonos digitales irradian todo el tiempo y esto puede provocar dolores de cabeza. Tal vez sea recomendable restringir su uso lo máximo que se pueda.

La pantalla del ordenador

Generalmente, los puntos de trabajo se encuentran a sólo 50 centímetros de la cara, las manos y los miembros superiores del operario, por lo que su exposición al campo eléctrico es muy elevada. Los límites de exposición recomendada para las pantallas son mucho más bajos que para la exposición a los campos eléctricos en términos generales, pero también varían según las autoridades. En Nueva York el nivel que se considera seguro en los ordenadores comerciales es de 25 o 25 voltios por metro a 30 centímetros la pantalla. En otros estados de la Unión Americana los mismos niveles se aplican a una distancia de 50 centímetros. En el Reino Unido y Europa las nuevas directrices TCO-95 son incluso menores y la mayoría de los monitores están diseñados para emitir bajas radiaciones.

Las pantallas anti-radiación, que se pueden adquirir en la mayoría de los proveedores de equipos de oficina ofrecen protección adicional siempre y cuando estén bien conectadas a tierra y sean eliminados los electrones libres. Hay quienes aseguran que el cactus *Peruvianus* protege contra esta radiación y otros afirman que el mismo efecto se logra con grandes cristales de cuarzo. Estos es seguro que no nos causarán ningún daño y quizá incluso se vean decorativos.

Los teléfonos celulares o móviles

Estos aparatos transmiten y reciben microondas de bajo poder, que pueden ser absorbidas por los tejidos del organismo. No existen investigaciones en las que se documenten los efectos adversos de las llamadas breves, por lo que si usamos uno de estos aparatos durante menos de cinco minutos por llamada es poco probable que nos cause algún daño. Los dolores de cabeza después de utilizar un teléfono celular son la primera señal que el cerebro nos da para indicarnos que algo no anda bien.

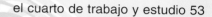

Los ordenadores portátiles

Las pantallas de estos aparatos no emiten radiaciones, pero si se conectan a la toma de corriente, el último lugar donde los debemos poner es en nuestro regazo. Más bien, debemos ponerlos en una mesa para aumentar así la distancia y la protección contra sus campos eléctricos.

La mayoría de los ordenadores portátiles tienen un transformador separado conectado por un cable de un metro, por lo que es necesario colocarlo lo más lejos posible de nuestro cuerpo a fin de usar el aparato sin una grave exposición a la corriente eléctrica.

Los juegos de ordenador

Estos juegos se conectan a un monitor de ordenador o a la televisión y los niños pueden jugar con ellos durante varias horas consecutivas, sentados cerca de la pantalla. El peligro está en esta última, más que en el ordenador (ver página 49). La solución es utilizar una extensión larga para que los jugadores se sienten por lo menos a dos metros y medio de la pantalla y además, limitar su uso.

Los contestadores telefónicos

Por lo general reciben la corriente a través de un transformador conectado al enchufe o clavija. Este transformador es el que genera los fuertes campos, no el contestador en sí. Si el transformador está cerca del suelo, no muy cerca de donde nos sentemos durante largos espacios de tiempo, los campos no causarán ningún problema.

Las lámpara de escritorio

Los enormes campos que pueden emitir algunas lámparas de metal son sorprendentes, especialmente las halógenas. Esto se debe a que el cable eléctrico no tiene conexión a tierra; por ello, debemos tener cuidado con otros aparatos cuyos cables estén instalados de la misma manera. Debemos evitar usarlos en nuestra oficina o en el escritorio de nuestra casa.

El fax

Al igual que con los contestadores, en los aparatos de fax, el transformador es la fuente principal de campos eléctricos. Es necesario evitar colocar la silla más cómoda junto al transformador de estos aparatos. Si no pasamos demasiado tiempo junto a ellos, estos campos no nos causarán ningún problema.

las líneas eléctricas

Desde la aparición de las líneas de alta tensión
en la década de 1950, comenzaron a surgir
preocupaciones por sus posibles efectos
adversos sobre la salud.

Entre todas las investigaciones epidemiológicas efectuadas
sobre la posible relación entre la leucemia infantil y las líneas
eléctricas, sólo dos de ellas llegaron a la conclusión de que no
existía ninguna relación y fueron precisamente las costeadas
por las empresas eléctricas (Rhode Island, 1980 y Yorkshire,
1985). Además, en ambos casos sus autores finalmente tuvieron que admitir que el diseño de sus trabajos no era el adecuado y que no se podían usar para descartar dicha relación.

Las compañías suministradoras de electricidad han
aprovechado la diferencia entre el campo eléctrico y el magnético, en
su intento por negar los efectos biológicos derivados de las líneas.
En sus investigaciones, básicamente sólo miden los campos magnéticos y no el componente eléctrico. Sin embargo, cuando los
Laboratorios de Investigación Coghill midieron los campos eléctricos
en las casas de los niños con leucemia, se observó una evidente relación. En 1996 se publicaron las conclusiones de estos trabajos y una
investigación realizada en Canadá a finales de ese mismo año dio los
mismos resultados. Más recientemente, se han llevado a cabo estudios en los que otros tipos de síntomas han sido también vinculados
con las líneas de alta tensión, como problemas depresivos, suicidio,
dolores de cabeza, epilepsia, vértigo y padecimientos cardiacos.

Antes de poder evaluar los efectos de determinada línea
eléctrica, es necesario conocer la tensión que transporta. En el
Reino Unido las tensiones normales oscilan entre 275.000 y 400.000
voltios; en Estados Unidos entre 220.000 y 375.000. En Rusia algunas líneas tienen tensiones de hasta 750.000 voltios. Hasta hace
poco en el Reino Unido, salvo en Escocia, en cada poste de alta tensión se establecía el voltaje, pero esta práctica ha caído en desuso.

La fuerza de los campos magnéticos de una línea eléctrica
depende de la cantidad de corriente que fluya por ella. Con la ayuda
de un medidor de campo pude mostrar a un preocupado grupo de
residentes, por cuyas casas pasaba una línea eléctrica, que en realidad la misma no transportaba energía, y por tanto no había ningún
campo magnético por el cual preocuparse. Aunque lo más peligroso

Caso
En diciembre de 1999, los resultados de una investigación a nivel
nacional efectuada en el Reino
Unido sobre varios miles de niños
con leucemia, anunciaron que los
niños que dormían en campos
magnéticos más altos de lo normal no corrían un riesgo excesivo.
Sin embargo, los promotores del
estudio no publicaron sus hallazgos acerca de la seguridad de los
campos eléctricos. Próximamente
saldrán a la luz.
Esa misma semana, en una
investigación realizada por el profesor Denis Henshaw y sus colegas de la Universidad de Bristol,
se informó que el riesgo de con-
traer cáncer debido a los campos
eléctricos generados por las líneas podía duplicarse. Dichos
expertos sugieren que los electrones libres existentes en estos
campos eléctricos se introducen
en los pulmones al respirar y se
comportan como los peligrosos
radicales libres (ver página 39).

Caso

El pueblo de Dalmally, a 64 kilómetros de Glasgow, está dividido por una línea de 275kV, procedente de la central hidroeléctrica más importante del Reino Unido, en la cercana zona de Cruachan. En un lapso de cinco años, ocho personas murieron de cáncer. Todas vivían en las dos calles por las que cruza la línea. Durante este mismo periodo también se presentaron tres casos de cáncer de mama y tres muertes provocadas por una enfermedad neuronal motora. Por supuesto la incidencia de estos padecimientos, en un pueblo tan pequeño (36 casas en total), está muy por encima de los promedios nacionales.

Caso

La localidad de Ferndown, en Dorset, está ubicada a unos 20 kilómetros de Bournemouth, en la costa sur de Inglaterra. La cruzan varias líneas eléctricas que abastecen de electricidad a Bournemouth. En Ferndown se ha registrado durante varios años una elevada incidencia de leucemia infantil: un total de 60 casos en una población de 200.000 habitantes, cuando el promedio anual en todo el país es de 400 casos.

es el componente eléctrico, los campos magnéticos alternos pueden inducir corrientes eléctricas en el organismo, que interfieran en los campos endógenos, y generar así efectos adversos.

Cuando una línea eléctrica está activa, se genera un campo eléctrico aunque no haya consumo de corriente. Lo mismo se aplica a las instalaciones eléctricas de nuestro hogar, si conectamos la plancha generaremos un campo eléctrico alrededor del cable, incluso sin encender el aparato.

Varias líneas juntas

Muchas veces, las líneas de alta tensión se instalan en grupo y sus campos magnéticos combinados se incrementan. A veces se unen dos o más líneas y generan fuertes campos eléctricos y magnéticos al agregarse sus campos. Hemos observado que la incidencia de padecimientos es mucho mayor en zonas ubicadas entre dos líneas que se unen formando un ángulo menor de 90 grados. Los dos casos expuestos a la izquierda lo evidencian.

Subestaciones y transformadores

Los cables de alta tensión conducen la energía a subestaciones, donde mediante un transformador, su voltaje se reduce a un nivel más bajo, adecuado para el uso doméstico. Generalmente, los transformadores están recubiertos de una coraza metálica, por lo que el campo eléctrico permanece dentro de ella siendo el campo eléctrico externo normalmente mínimo. Muchas veces estos transformadores se instalan cerca de casas. En el Reino Unido las directrices de la NRPB sugieren que, por razones de seguridad, deben estar por lo menos a 25 metros de los hogares (véase página 59).

En Estados Unidos, y también en el Reino Unido aunque con menos frecuencia, se instalan pequeños transformadores sobre postes cerca de casas y, por tanto, mucho más próximos a las habitaciones y áreas de dormir. En un estudio epidemiológico que llevaron a cabo en 1979 los investigadores Nancy Wertheimer y Ed Leeper en Denver, Colorado, se observó un espectacular incremento en los índices de leucemia infantil cerca de estos transformadores y de los cables eléctricos relacionados con ellos.

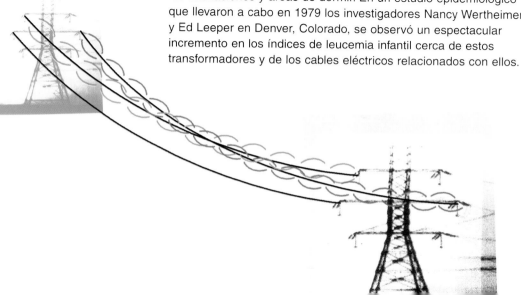

trenes electrificados

Las líneas eléctricas sobre las vías
electrificadas han sido también
relacionadas con problemas de salud.

A mediados de la década de 1980 un grupo de científicos
verificaba en San Francisco los cambios experimentados por
los campos eléctricos locales, en un esfuerzo por relacionarlos
con los terremotos. Colocaron dos clavos en un enorme árbol
en las colinas de la ciudad, aproximadamente con un metro de
separación y sus sensibles instrumentos verificaban todo el
tiempo el campo entre los clavos. Estos científicos observaron
muy pronto una curiosa alteración esporádica que no pudieron
relacionar con ninguna causa evidente. Debido a que dicha alteración era menos frecuente los fines de semana y también disminuía de manera considerable por las noches, suponían que
era provocada por el hombre.

Hasta que por casualidad, uno de los investigadores
observó la reacción del instrumento en el preciso momento en
que un tren del Sistema de Transporte Rápido de la Zona de la
Bahía (BART, por sus siglas en inglés) se detenía en una estación situada a unos 14 kilómetros de allí. ¡La causa era el
campo eléctrico generado por los trenes! Como planteaba un
artículo de la revista *New Scientist*: «Si los trenes pueden hacer
eso a los árboles, ¿qué no harán con nosotros?»

El síndrome de muerte súbita infantil
En Londres, tres importantes estaciones, Euston, St. Pancras y
King's Cross son adyacentes entre sí. Cada día cientos de trenes llegan y se van de estas estaciones, por las líneas electrificadas que cruzan el municipio de Camden. A mediados de la
década llevé a cabo una investigación acerca del síndrome de
muerte súbita infantil (SMSI, o muerte de cuna) en Camden y
en otros tres municipios centrales de Londres (Islington,
Hackney y Tower Hamlets). Me sorprendió ver que el SMSI se
presentaba con mucha más frecuencia cerca de fuentes de
campos eléctricos, como las líneas de tren electrificadas, los
trenes subterráneos, las líneas de alta tensión e instalaciones
similares. Cuanto más cerca de ellas habían vivido los niños,

Caso

En Londres nadie ha hecho estudios sobre casos de cáncer o SMSI relacionados con las líneas de tren, pero el doctor Egon Eckert realizó una investigación en varias ciudades, entre ellas Filadelfia y Hamburgo. Los resultados fueron publicados en 1976 en una revista médica alemana. Este experto asegura que existe una importante correlación entre el SMSI y la cercanía con las vías férreas o de tranvía, especialmente cuando se cruzan en ángulos agudos. Sin embargo, las autoridades han ignorado por completo su trabajo y sus peticiones de que se hagan más investigaciones, porque las implicaciones socioeconómicas son inmensas.

más jóvenes habían muerto. Las pruebas eran estadísticamente abrumadoras e hicieron que en 1989 se formularan algunas preguntas en el Parlamento, pero a pesar de las promesas, nada se hizo al respecto.

El año siguiente, el hijo de la conocida presentadora de televisión, Anne Diamond, murió de SMSI. A fin de estar cerca del estudio de televisión de Camden para su programa matutino, la señora Diamond se había mudado a una casa a menos de 100 metros de las vías electrificadas de Camden. Yo ya sabía de media docena de casos parecidos, ocurridos todos en las calles circunvecinas, por los expedientes del servicio médico forense de la zona norte de Londres, los cuales consulté durante la investigación.

Posteriormente, Anne Diamond fue clave en la campaña a nivel nacional para asesorar mejor a los padres y, desde entonces, los índices de SMSI han disminuido, aunque incluso hoy, alrededor de 10 niños en el Reino Unido y un número mayor en Estados Unidos mueren cada semana. Creo que algunas de estas muertes se deben a una exposición a líneas de alta tensión, como las de tren, pues el cerebro de los niños, muchas veces no resiste sus efectos.

Causas aisladas de la enfermedad

En 1986, también en Londres, una asociación de vecinos me pidió que investigara sobre el posible impacto de una nueva línea electrificada que planeaban construir entre la terminal de trenes de Paddington y el aeropuerto de Heathrow, y que pasaría directamente detrás de sus bloques de apartamentos.

Ya un niño había desarrollado leucemia. Cuando visité el lugar, me percaté de que las cajas de los fusibles estaban en los muros de los sótanos, agrupadas en pocos lugares. Con la ayuda de la memoria de los vecinos tracé un mapa de los casos de cáncer habidos a través de los años y me di cuenta de que predominaban cerca de las cajas eléctricas. Además, su incidencia disminuía con la distancia y eran pocos los casos en los pisos superiores.

Parte de mi sugerencia fue que se distribuyeran las cajas en un perímetro mayor y que no se instalaran en los muros de las áreas donde se encontraban los dormitorios. Pero no se me ocurrió nada para proteger a los residentes de los campos eléctricos procedentes de la línea de tren, salvo que se cambiaran de casa.

Este caso ilustra lo engañoso que puede ser concentrarse exclusivamente en una posible causa de contaminación electromagnética, en lugar de ver el problema desde una perspectiva más amplia.

los transmisores de teléfonos móviles

Con una rapidez sorprendente se ha difundido por todo el orbe una nueva e importante fuente de radiación electromagnética.

En su publicación de 1993 sobre la forma en que los campos electromagnéticos afectan a la salud, la Organización Mundial de la Salud (OMS) ni siquiera tuvo en cuenta el uso de los teléfonos móviles o celulares. En enero del 2000 en el Reino Unido había más de 24 millones de usuarios de este tipo de teléfonos; 75 millones en Estados Unidos y por lo menos 500 millones en todo el mundo.

Los diferentes tipos de cáncer de neuroblastoma acústico cada vez se asocian más con el uso de teléfonos móviles. Hasta la fecha, las investigaciones realizadas no han demostrado de manera definitiva los efectos adversos de las llamadas breves (página 52), pero si es necesario hacer llamadas más prolongadas, podríamos tratar de colocar en el teléfono un filtro o un dispositivo para reducir el nivel de radiación que llega a la cabeza (ver la sección de recursos en la página 120). Si se instala un audífono se pueden hacer llamadas con las manos libres y alejar el aparato un poco más del cuerpo, pero todavía no se ha hecho una evaluación adecuada de estos accesorios a fin de determinar sus efectos sobre la salud. Tal vez sean un medio para que los campos y las radiaciones perjudiciales lleguen más a nuestros oídos.

Si decidimos pasearnos con el aparato más radiactivo jamás inventado pegado a la oreja, no deja de ser asunto nuestro. Sin embargo, tengo muchas quejas de comunidades que se han visto plagadas por la súbita aparición de antenas transmisoras de telefonía móvil, o "emisoras o estaciones de base", como se las suele llamar, que exponen a todos los que viven en sus alrededores a señales de frecuencia extremadamente baja (FEB). Sin embargo, a pesar de las evidencias existentes de que dichas instalaciones afectan a la salud en la población vecina, incluso la más reciente iniciativa de investigación de la OMS no considera como una prioridad investigar dichos efectos.

Las señales de las emisoras o estaciones de base

Las áreas geográficas se dividen en zonas denominadas "células". Éstas pueden ser tan pequeñas como un kilómetro, en zonas muy pobladas, o extenderse hasta unos 80 kilómetros. En el centro de cada una de esas células hay una emisora o estación de base.

Investigaciones

En el poblado sueco de Lund, el doctor Per Salford y sus colegas demostraron que las frecuencias de las microondas de los teléfonos móviles afectaban a la barrera sanguínea del cerebro de los animales expuestos a ellas. Dicha barrera protege al cerebro contra las infecciones.

En la Universidad de Washington, en Seattle, Henry Lai y N.P. Singh demostraron que las microondas podían romper bandas simples y dobles de ADN con más rapidez de la que las enzimas de reparación restauran los enlaces vitales para evitar mutaciones.

Investigaciones

Helen Dolk de la Escuela de Medicina Tropical de Londres encontró algunas pruebas, aunque débiles, acerca de una mayor incidencia de casos de leucemia en adultos que vivían cerca de emisoras de televisión. En Sydney, en una investigación más modesta se llegó a las mismas conclusiones. En una investigación realizada por tres universidades chinas en la que participaron más de 1.000 niños y cadetes del ejército, se observó que el sistema inmunológico de quienes vivían más cerca de puntos emisores de ondas de radio y de microondas estaba deteriorado.

En un estudio realizado en Letonia también se observó que los niños que habían pasado varios años dentro del campo de un potente sistema de radiolocalización tenían una memoria bastante más deficiente y tiempos de reacción más prolongados, en comparación con otros niños que vivían cerca, pero que no estaban expuestos a dicha radiación. En Berna (Suiza) se clausuró una emisora de onda corta después de que en una investigación se llegara a la conclusión de que los dolores de cabeza y cansancio general, aumentaban con la proximidad a la antena.

Supongamos que usamos un teléfono móvil para llamar a nuestra hermana al suyo. Nuestro aparato se pone en contacto con la estación de base más cercana, la cual transmite nuestra llamada a través de la red telefónica terrestre hasta la estación de base más cercana al móvil de nuestra hermana. Esta, a su vez, la transfiere al aparato de nuestra hermana.

Así, mientras el teléfono móvil está conectado, envía constantemente una señal FEB a la emisora o estación de base más cercana, indicando su ubicación. La estación de base transmite señales parecidas, las cuales tienen un pulso típico de 217 Hz en el Reino Unido o de 50 Hz en Estados Unidos. Estas frecuencias son muy semejantes a las delicadas frecuencias que el cerebro utiliza para transmitirlas a las células del organismo, esto es, los campos endógenos del cuerpo (véase página 28). Es una hipótesis razonable pensar que estas radiaciones artificiales podrían interferir en las comunicaciones entre el cerebro y las células, al igual que las primeras emisoras de radio causaban interferencias, antes de que se regularan las bandas de frecuencia.

Los efectos de las estaciones de base

Las pocas investigaciones en las que se han estudiado los posibles efectos adversos de las antenas de telefonía móvil y de las estaciones de base sobre la salud demuestran que hay razones para preocuparse. Aunque no son suficientes para hacer afirmaciones contundentes, han bastado para desalentar la autorización para instalar emisoras de base en diferentes partes del mundo. En otros casos, las antenas de transmisión han sido cambiadas de lugar después que las autoridades locales hayan tenido acceso a estos datos. En Internet existen grupos de activistas de diversas naciones que pueden compartir sus conocimientos con las comunidades que afrontan la posible instalación de una de estas antenas en su vecindad.

El conjunto de las evidencias existentes nos muestra el umbral de peligrosidad de estas instalaciones. Convirtiendo estos datos en distancias (usando las cifras de la NRPB) y tras dividirlos entre 10 para tener un margen de seguridad, he hecho mi propio cálculo práctico y he determinado que ninguna antena debe estar a menos de 200 metros de cualquier edificio habitado, y por supuesto, no se deben instalar –al menos hasta que se conozcan mejor sus efectos– en centros educativos. Si un nuevo medicamento saliera al mercado sin que antes se analizara su toxicidad, se desataría una campaña de protesta por parte del público; sin embargo, esto es precisamente lo que el negocio de las telecomunicaciones ha hecho con las estaciones de base. Las áreas expuestas de manera permanente a las radiaciones de una emisora de base por lo general han sido marginadas al decidir su instalación, lo cual es evidentemente injusto.

protección contra las líneas de alta tensión

¿Cómo nos podemos proteger de los campos eléctricos existentes en torno de las líneas de alto voltaje?

Los campos eléctricos se disipan muy rápido a medida que nos alejamos de la fuente. Basándonos en la información científica que tenemos en la actualidad, es poco probable que a 100 metros de una línea típica de 220.000 voltios el campo eléctrico sea suficientemente elevado como para tener efectos adversos sobre la salud. Con las líneas de 400.000 voltios la distancia segura es casi del doble, por lo que a 200 metros de ellas no se esperaría ningún problema para la salud. Esta es una buena noticia para los aproximadamente 80.000 ciudadanos del Reino Unido y los 250.000 estadounidenses que viven cerca de líneas de alta tensión.

Cómo reducir la exposición

Para proteger nuestra salud, debemos limitar lo máximo posible nuestra exposición a los campos eléctricos generados por estas líneas. Sin embargo, como sucede con todos los campos eléctricos, la exposición más perjudicial es la permanente, a largo plazo. Si pasamos por debajo de una línea de alta tensión caminando por el campo, o mientras conducimos nuestro automóvil, sólo estaremos expuestos a ella un breve espacio de tiempo. Pero si nuestra casa se encuentra a 200 metros de una línea de este tipo, es posible que estemos expuestos al campo la mayor parte del día y quizás todo el tiempo que pasemos durmiendo, cuando los efectos pueden ser más negativos (ver página 44).

Posiblemente los árboles o las construcciones existentes entre nuestra casa y la línea nos protegerán de los campos eléctricos, pero esto no siempre es así. Los objetos metálicos grandes, como un granero de láminas onduladas, conducirían el campo de tal forma que sus orillas más cercanas a nuestra casa podrían generar un fuerte campo eléctrico local.

Si usamos cortinas o protectores de fina tela metálica en las ventanas también nos podemos proteger de los campos eléctricos y algunas compañías las venden (ver la sección de recursos en la página 120). Pero si nuestra casa está cerca de una línea de alta tensión, quizás lo más recomendable sea mudarnos a otro lugar, si lo podemos hacer. En caso contrario, deberemos dormir en las habitaciones más alejadas de la línea y recordar que en las habitaciones de la

Caso

Entre Aghada y Raffeen en el área de Cork Harbour, existen algunas líneas de 220.000 voltios, y se han detectado sus campos eléctricos a diferentes distancias. A 10 metros en ambos lados de la línea, el campo eléctrico es de unos 4.000Vm^{-1}. A 50 metros, disminuye a sólo 80Vm^{-1}.

Caso

En 1989 la compañía British Columbia BC Hydro Utility propuso adquirir las casas de 159 familias que vivían a 175 metros de su nueva línea de alta tensión de 230.000 voltios, debido a la preocupación que provocaron los campos eléctricos y magnéticos. Todas las familias, excepto seis, aceptaron la oferta.

Distancias seguras

Las siguientes distancias de las líneas fallan en el aspecto de la precaución y se basan en la declaración del Consejo Nacional Estadounidense para la Protección contra la Radiación (USNCRP, por sus siglas en inglés), pues consideran que un campo eléctrico de 25Vm^{-1} no tiene ningún efecto adverso.

400,000 V	250 m
275,000 V	200 m
132,000 V	150 m
transformador	25 m
subestación	100 m
antena de telefonía móvil	200 m

planta baja los campos serán menores que en las habitaciones de arriba, las cuales se encuentran más cerca de los cables.

El cerebro humano se ajusta todo lo que puede a los campos eléctricos adversos, pero si nos vamos de vacaciones probablemente no estará preparado para estos efectos cuando volvamos a casa. Muchas personas se resfrían cuando vuelven de un largo viaje o duermen mal la primera noche que pasan en un sitio desconocido. Esto sugiere que los cambios repentinos en el campo eléctrico ambiental generan estrés en el organismo y en el sistema inmunológico. Tal vez sea aconsejable usar un colchón magnetizado —en un estudio realizado me di cuenta de que estos colchones parecían eliminar algunas de las alteraciones perjudiciales de los campos eléctricos (ver página 96).

capítulo 3
la curación con imanes

Un sinfín de teorías contradictorias han sido
propuestas para explicar cómo funcionan los
imanes en la curación. Mucho se ha dicho sobre
sus poderes terapéuticos, basándose con
frecuencia en antiguos mitos y leyendas.

Hasta hace poco no existían estudios científicos validados por
otros expertos que confirmaran estas manifestaciones. Sin
embargo, se están publicando los hallazgos de investigaciones
actuales realizadas en diversos países, que apoyan las afirmaciones de los magnetoterapeutas con respecto a la eficacia de
los imanes en la curación de diversas dolencias. Después de un
breve estudio sobre los usos de los imanes en el tratamiento de
las enfermedades a lo largo de la historia, en este capítulo se
analizan los mecanismos mediante los cuales curan los imanes,
con base en pruebas científicamente aceptadas sobre los efectos fisiológicos de los campos magnéticos.

En las siguientes dos secciones se describen planes de
tratamiento para determinados padecimientos con imanes estáticos (páginas 82-97) y campos magnéticos pulsados (páginas
100-107), todos ellos basados en las investigaciones científicas
más recientes. En la sección final se comentan aplicaciones más
amplias de la magnetoterapia, como los beneficios terapéuticos
del agua magnetizada y se dan consejos prácticos para tratar
plantas y animales con imanes.

tradiciones antiguas

Los imanes se han utilizado para curar
enfermedades durante miles de años.

Cargas terapéuticas

Los sumos sacerdotes egipcios de
Anubis aplicaban algodón "cargado
con la vida de Ptah" para lograr la
salud. Se trataba de tela de algodón
con una carga positiva o negativa y
que supuestamente aceleraba el
proceso de curación. Es posible que
esta tela se cargara de electricidad
estática frotándola con otro material.
Este mismo mecanismo funciona
cuando recibimos una descarga de
corriente al tocar una pieza de metal
de nuestro automóvil en el momento
de bajarnos de él. Es la descarga de
la electricidad estática generada por
la fricción entre nuestra ropa y el
asiento del vehículo.

La tradición china

*El Libro Clásico de Medicina Interna
del Emperador Amarillo*, que se cree
data del periodo del emperador
Huang Ti, entre los años 2697 y
2596 antes de Cristo, es la base de
toda la medicina tradicional china y
recomienda colocar piedras magnéticas en determinadas áreas del
cuerpo para corregir cualquier desequilibrio entre el yin y el yang.

La armonía magnética

Los Vedas, antiguas escrituras
hindúes que datan de alrededor del
año 1500 antes de Cristo, se refieren al tratamiento de las enfermedades con achmana y siktavati, instrumentos de piedra que supuestamente era calamita. También existe una
tradición india en el sentido de que
los muertos se deben colocar con la
cabeza hacia el norte, para lograr la
armonía entre la Tierra y el cuerpo.
En un eco moderno de esta tradición, muchas personas en la India
actualmente prefieren dormir con
esta orientación, la cual se considera que permite un mayor descanso.

Aplicando la energía eléctrica

Franz Anton Mesmer, famoso por sus técnicas de hipnosis, para obtener su doctorado en la Universidad de Viena escribió una tesis acerca de los efectos que la gravedad tiene sobre la salud, y en 1775 publicó el tratado: *Sobre los usos medicinales de los imanes.*

El doctor Mesmer creía que tenemos una fuerza eléctrica vital que se ve afectada por las enfermedades. Según él, al aplicar campos eléctricos externos, se podía corregir la interrupción de energía y curar así las enfermedades. En su clínica para el «tratamiento con magnetismo animal» de París, pedía a las mujeres que lo visitaban que sostuvieran un instrumento eléctricamente cargado mientras se mantenían en pie dentro de una tina llena de agua. A pesar de lo sensacionalista de su método, existen evidencias de que funcionaba.

Prescripción de calamita

El alquimista y médico suizo Paracelso (ver página 15) utilizaba imanes para tratar la epilepsia, la diarrea y las hemorragias. Recomendaba a sus pacientes moler y tomar calamita o juntar rocío en noches de luna llena, cuando hay más iones positivos en la atmósfera y el rocío tendría una carga de este tipo. Sin embargo, el exceso de iones positivos es perjudicial para la salud (página 30).

Cómo mantener la juventud

Según una antigua leyenda, la reina egipcia Cleopatra llevaba un amuleto magnético en la frente para mantener su apariencia juvenil. En muchas tradiciones terapéuticas, como el shiatsu, la zona del "tercer ojo" es el punto de presión de la glándula pineal. Actualmente los científicos reconocen que la glándula pineal es sensible a los campos magnéticos. Por las noches, segrega melatonina y sensibiliza las membranas celulares para la recepción de señales de reparación. Por tanto, un imán en esa zona podría ayudar a las células en el proceso de reparación induciendo un sueño profundo y reparador. Incluso en la actualidad, los monjes tibetanos se colocan una barra imantada en la frente para aumentar su concentración y su capacidad de aprendizaje.

investigación magnética

En los últimos dos siglos se ha observado un interés cada vez mayor sobre los efectos que los campos magnéticos tienen en el organismo.

En el siglo XIX, el magnetismo era un área de investigación muy común. Eydam escribió sobre la aplicación de imanes terapéuticos en 1843 y Westphal y Gangee informaban en 1878 de que las sensaciones epidérmicas anormales volvían a la normalidad con la aplicación de imanes estáticos. Publicada ese mismo año, tal vez la tesis de Waldmann *Der Magnetismus in der Heilkunde* («Magnetismo y salud») fue el primer tratado moderno sobre el tema. En 1879, Benedict y su contemporáneo Drozdov, informaron por primera vez de que se podía mitigar el dolor con la aplicación de imanes estáticos en el cuerpo. Benedict acuñó el término "magnetoterapia" en su trabajo de 1885 y, en 1886, se publicó *General History of the Application of Magnetism in Medical Science* («Historia general de la aplicación del magnetismo en la ciencia médica»).

A pesar de los intentos por calificar la terapia con imanes como charlatanería, el interés científico por el magnetismo siguió en aumento. Profesionales médicos de Estados Unidos y Europa se mantenían (y muchas veces aún se mantienen) escépticos a todo lo que se dice acerca de los imanes, como lo hacían con otras formas de medicina alternativa y complementaria. Para poder vender imanes con usos terapéuticos debían existir estudios revisados por otros científicos, pero lograr que tales investigaciones fueran publicadas en revistas médicas ortodoxas era casi imposible.

En la década de 1960 la familia Barnothy fundó un laboratorio en la Facultad de Farmacia de la Universidad de Illinois, para investigar los efectos biológicos del magnetismo. En el primero de dos volúmenes publicados en esa década, la profesora Madeleine Barnothy presentaba los trabajos de más de 30 autores, incluyendo una bibliografía sobre los efectos biológicos de los campos magnéticos, que recopiló el doctor Leo Gross de la Fundación de Investigaciones Médicas Waldemar de Nueva York. En ella se clasificaban cientos de estudios previos, algunos de ellos publicados en la famosa revista especializada *Nature*, lo cual indica que la terapia con imanes era considerada ya en aquella época, como una ciencia seria.

Investigaciones internacionales
Después de la Segunda Guerra Mundial, los países del Este de Europa fueron muy dados a desarrollar métodos terapéuticos económicos, para evitar depender de los costosos medicamentos producidos en Occidente. En el

Sociedades bioelectro-magnéticas

En noviembre de 1961 se celebró el Primer Simposio Biomagnético en la Facultad de Farmacia de la Universidad de Illinois. En él se dieron cita 65 delegados de toda la Unión Americana y el congreso, que duró dos días, incluyó la visita a tres laboratorios biomagnéticos cercanos. La Sociedad Estadounidense de Bioelectromagnética (BEMS, por sus siglas en inglés) no fue fundada hasta 19 años después. En 1998, los médicos estadounidenses dieron a esta sociedad de 700 miembros nivel de institución educativa. En la actualidad organiza conferencias y tiene un portal en Internet para el intercambio de ideas con todo el orbe. La Asociación Bioelectromagnética Europea fue fundada después y es más pequeña, pues cuenta con alrededor de 290 miembros. A sus congresos bienales asisten participantes de los países del Este de Europa; por ello, con frecuencia se presentan datos que están ausentes en los congresos de la BEMS. La Comisión Internacional de Radiación No Ionizante (ICNOR, por sus siglas en inglés) también organiza de vez en cuando simposios y publica sus memorias.

Congreso Mundial de Magnetoterapia realizado en Londres en 1996, delegados de la antigua Unión Soviética se refirieron a tratamientos magnéticos con imanes estáticos y dispositivos alternos. En la República Checa, el doctor Jiri Jerabek recopiló una lista de cientos de estudios clínicos sobre magnetoterapia. Asimismo, en Ucrania existe un abundante cuerpo de evidencias clínicas sobre la eficacia de esta terapia, y el experto doctor Sergei Gerasimov, informa de estudios realizados con niños aquejados de asma, que fueron tratados con imanes y ondas de radio.

Los japoneses también tienen una larga historia en cuanto a investigaciones y práctica de la terapia con imanes, basada en su tradición de aplicar métodos terapéuticos no químicos, como el shiatsu. En 1976, el científico Nakagawa realizó un importante análisis de más de 100 estudios sobre imanes que databan de la década de 1950. En opinión de este experto, los campos magnéticos corrigen el desequilibrio provocado por el debilitante campo geomagnético y el advenimiento de los campos magnéticos y eléctricos alternos. El desarrollo de potentes imanes ligeros de neodimio en Japón, en 1983, desencadenó más investigaciones sobre sus usos terapéuticos, puesto que permiten aplicar un fuerte campo magnético local con un imán muy pequeño. La empresa japonesa Nikken, actualmente una de las firmas más importantes del mundo en este campo, fabrica y vende a nivel internacional aparatos magnéticos, como plantillas, rodilleras y colchones.

Una terapia del siglo XXI

Más recientemente, el fracaso de la medicina convencional occidental en cuanto al desarrollo de tratamientos satisfactorios para los padecimientos degenerativos y las enfermedades del sistema inmunológico, ha despertado un mayor interés por las formas de terapia complementaria, y en particular por la magnetoterapia. Actualmente existen proyectos científicos en varias universidades, ente ellas la Universidad Vanderbilt, en Nashville, Tennessee, que organizó un Congreso Mundial en 1999. En el Reino Unido, el departamento de medicina deportiva de la Real Sociedad de Medicina se está interesando actualmente por los tratamientos con imanes. Las autoridades encargadas de controlar la publicidad también han contribuido con esta ciencia, al insistir en la presentación de pruebas clínicas que demuestren la eficacia de los productos promovidos. Por tanto, cada vez es mayor el número de estudios de buena calidad validados por otros especialistas y, en consecuencia, es mayor la aceptación médica de la función que los imanes pueden cumplir en el cuidado de la salud.

áreas de investigación

Las evidencias existentes demuestran que los imanes pueden tener un importante papel en el tratamiento de diferentes enfermedades.

Cada día se descubren nuevos usos para los imanes y cada vez es mayor el número de investigaciones que se llevan a cabo sobre su eficacia, pues los fabricantes tratan de justificar su venta. A continuación se presentan algunas de las investigaciones que han arrojado resultados prometedores.

Tratamiento contra el cáncer

En la década de 1960 se realizó la primera investigación sobre el uso de imanes en el tratamiento del cáncer en animales. Los resultados de este trabajo establecían que, al parecer, los imanes estáticos reducen la formación de tumores sólidos. En un estudio realizado en 1964, los investigadores Vernon Reno y Leo Nutini, del Instituto de Divi Thomae, en Cincinnati, Ohio, expusieron las células cancerosas de 37 tumores a diferentes campos magnéticos, con una fuerza de entre 80 y 7.300 gauss. Llegaron a la conclusión de que con el nivel más alto, la circulación del oxígeno en las células enfermas se reducía al 50 por ciento. Es probable que esto disminuyera la ya de por sí inhibida síntesis de trifosfato de adenosina (ATP, por sus siglas en inglés), de tal forma que algunas de ellas no lograron sobrevivir. Este consumo reducido de oxígeno contrasta con la mayor entrada de éste en las células normales bajo la influencia de imanes estáticos y parece confirmar lo que pensaba Otto Warburg, quien recibió el Premio Nobel en 1931, en el sentido de que el cáncer se desarrolla a partir de un cambio metabólico que causa un fallo respiratorio en las células. Sus explicaciones (ver a la derecha) han sido perfeccionados mediante el desarrollo de más investigaciones en los Laboratorios de Investigación Coghill.

Cambios metabólicos en el cáncer

En los procesos respiratorios celulares normales, el oxígeno es un elemento vital para la síntesis de las moléculas energéticas de ATP (véase página 71). Sin embargo, si la ruta de transporte de electrones se ve bloqueada (y esto lo pueden provocar la mayoría de los carcinógenos), no se sintetizará el ATP. En este caso, las células recurrirán a una forma menos eficiente de hacer ATP, conocida como glicólisis, en la que no se necesita oxígeno.

En la glicólisis se necesitan sin embargo importantes cantidades de glucosa, por lo que las células dejan de producir glicoproteínas en la superficie de sus membranas de plasma o comienzan a reabsorberlas para obtener su azúcar vital. Sin embargo, muchas de esas glicoproteínas son el medio por el cual las células reciben información. Sin ellas no podrían recibir las señales procedentes del cerebro que regulan su crecimiento, por lo que se dividirían sin control y dejarían de responder a la inhibición por contacto (cuando dejan de dividirse al entrar en contacto con otras células del mismo cuerpo). Todos estos signos están presentes en las células cancerosas.

Las fracturas

Art Pilla y el desaparecido Andy Bassett, que trabajaban en la Universidad Columbia de Nueva York en la década de 1970, desarrollaron el uso de campos electromagnéticos pulsados para reparar fracturas de huesos en las que no se da la unión ósea, es decir, cuando un hueso fracturado no suelda. Los campos magnéticos que aplicaron este par de científicos imitaban los campos endógenos del propio cuerpo y estimulaban la curación. La Agencia Federal para el Control de Medicamentos de Estados Unidos (FDA, por sus siglas en inglés) ha autorizado por lo menos el uso de uno de estos aparatos, pero sólo en casos de fracturas en las que, durante muchos años, no se da la unión de los huesos, sin autorizarlo para fracturas recientes. Según el doctor Pilla, este método ha evitado a más de 10.000 pacientes la amputación de sus miembros.

Hoy en día, en Estados Unidos son muy usados los aparatos electrobiológicos (AEB) que fueron diseñados a partir de aquella investigación y el método está ahora siendo analizado en hospitales británicos.

Efectos analgésicos

A principios de 1930, la escandinava Karen M. Hansen informó de que los imanes estáticos mitigaban molestias como la ciática, el lumbago y el dolor de las articulaciones. Su trabajo, publicado en 1944 en la revista médica *Acta Medica Scandinavica* demostraba objetivamente que los imanes influyen sobre el cuerpo humano. Tras medir la entrada y salida de aire en un total de 130 personas con metabolismo normal, y un número similar de sujetos de control, demostró que la absorción de oxígeno aumentaba con un imán colocado a tres centímetros de la sien izquierda. No se estableció la fuerza del campo. Una mayor absorción de oxígeno contribuye a que haya mayor cantidad de este elemento disponible en la sangre, lo cual a su vez ayuda a que los músculos funcionen con más eficiencia y, por tanto, disminuya el dolor muscular. En las páginas 76-7 se explica este fenómeno con más detalle.

En una investigación más reciente, realizada en 1998 en la Universidad Vanderbilt de Nashville, en Tennessee, se inyectó un doloroso estimulante derivado de pimientos, bajo la piel de un grupo de voluntarios. Todos ellos percibieron que los cuatro imanes de neodimio aplicados ayudaron a reducir de manera importante los niveles de dolor.

La disminución del dolor es también uno de los beneficios expuestos por Sasa Moslavac, cuyo equipo trabajó en el Centro de Rehabilitación de Víctimas de Guerra en Varazdinske, Toplice, tratando a las víctimas de la guerra de Croacia en 1992. Entre 1992 y 1995 utilizaron imanes estáticos en más de 1.200 pacientes, la mayoría de los cuales había sufrido heridas de guerra y fracturas, que les impedían mover el cuerpo totalmente. Según los expedientes, más del 88 por ciento de los pacientes se negaron a interrumpir el tratamiento magnético por su gran efectividad para mitigar el dolor e incrementar el movimiento de sus extremidades.

cómo generan energía las células

Todas las funciones del organismo dependen de las reacciones químicas celulares.

Todos pensamos en nosotros mismos como individuos, pero en realidad somos una masa de billones de células microscópicas con una separación aproximada de diez millonésimas de metro entre ellas. Estas células tienen componentes internos conocidos como organelas, las cuales contribuyen al acopio y organización de los nutrientes y a la expulsión de los productos de desecho de su metabolismo. Casi el 90 por ciento de toda la energía que utilizamos proviene de las organelas llamadas mitocondrias. Una sola célula puede tener en su interior varios cientos de estas mitocondrias, especialmente las células cerebrales y las musculares. En realidad, si eliminamos el 70 por ciento de nuestra constitución que está integrada por agua, casi la mitad del tejido seco restante son mitocondrias.

Estos importantes componentes celulares tienen su propio ADN independiente y algunos científicos consideran que, en alguna etapa pasada de la evolución eran criaturas separadas, importadas a nuestras células porque pueden generar energía de una manera mucho más eficiente que las propias células. Esta energía se genera en forma de moléculas de trifosfato de adenosina (ATP), que es la molécula energética universal de todos los seres vivos.

La mitocondria
Las mitocondrias son la sala de máquinas de las células y generan energía a través de algunas reacciones químicas.

La respiración celular

Se trata del proceso mediante el cual las células generan energía, a través de una serie de reacciones químicas.

El oxígeno que llega a los pulmones pasa a la sangre y se mezcla con las moléculas de hemoglobina (hierro) en los glóbulos rojos. Esta sangre rica en oxígeno es luego transportada hasta los tejidos del organismo y llega a las células.

Las mitocondrias separan los átomos de hidrógeno de sus electrones y crean una diferencia de potencial eléctrico en sus membranas internas. Con este proceso generan suficiente energía para, partiendo del difosfato (ADP) formar trifosfato de adenosina (ATP). La mayoría de nuestra energía es generada mediante este proceso conocido como quimio-ósmosis.

Las moléculas de oxígeno «atrapan» los electrones que quedan libres al final del proceso, actuando como receptoras.

La función de las enzimas

La velocidad con que se desarrollan los procesos de respiración celular depende de determinadas enzimas existentes en las células, las cuales controlan el ritmo de las reacciones químicas. Las enzimas respiratorias controlan rigurosamente los procesos respiratorios, de tal forma que los electrones sobrantes no puedan escapar y dañar a otras células actuando como radicales libres. Cuando no se necesita ATP, las enzimas ralentizan las reacciones celulares haciendo "descansar" a las células.

Para qué sirve el ATP

Una vez fabricado por las mitocondrias, el ATP circula en los líquidos del cuerpo, disponible para ser utilizado por otras células. Se utiliza para funciones muy diversas, desde el esfuerzo de la división celular (mitosis) o la formación de proteínas (síntesis) hasta el movimiento de los músculos. Incluso para pensar y para respirar se necesita energía.

las reacciones enzimáticas

Los imanes influyen en el ritmo de las reacciones enzimáticas y, por ello, en las reacciones químicas importantes para los procesos vitales.

Las enzimas son proteínas que actúan como catalizadores, ya sea acelerando o retardando las reacciones químicas. Al reducir selectivamente la cantidad de energía necesaria para las reacciones, pueden determinar su velocidad y su curso de una forma muy específica. Todo parece indicar que los campos magnéticos influyen en este proceso, que tiene que ver con los electrones: el campo hace que los electrones giren con uniformidad y en la misma dirección (ver página 21), afectando así a las reacciones. En diferentes investigaciones se ha demostrado que el efecto de los campos magnéticos en realidad tiene dos fases: cuando la reacción sucede muy rápido aminora la velocidad, pero cuando ocurre en forma demasiado lenta, la acelera. En los experimentos con enzimas descritos más adelante se muestra cómo un campo magnético débil, de unos 60 gauss, puede tener efectos fisiológicos.

Los imanes pueden acelerar las reacciones
En la década de 1960, el doctor George Akoyunoglou, investigador de la Academia Nacional de Ciencias de Estados Unidos, demostró que los campos magnéticos pueden acelerar la actividad de las enzimas. En más de 20 experimentos expuso la enzima vegetal carboxidismutasa, preparada a base de cloroplastos de espinaca, a un campo magnético estático de 20.000 gauss (2 teslas). Sus resultados, publicados en 1964 en la respetada revista *Nature*, mostraban un profundo efecto de activación en las enzimas de entre 14 y 20 por ciento. Con emoción contenida concluyó, «el efecto activador de un campo magnético es un hallazgo nuevo y abre un campo fascinante para nuevas investigaciones».

En una investigación conjunta más reciente, realizada entre Bulgaria y el Hospital Monte Sinaí de Nueva York

(Gemishev, Tsoloova et al., 1994) se vieron efectos estadísticamente importantes en las enzimas respiratorias de granos de trigo, con las que se utilizó un campo magnético de entre 60 y 2.000 gauss (6 y 200 mT) y periodos de exposición de entre seis y 25 horas. En dicho estudio se observó un incremento de 94 por ciento en una importante enzima respiratoria, la succinato oxidasa, en tan sólo 60 minutos de exposición.

Los imanes pueden retardar las reacciones

Cuando los electrones abandonan el átomo por alguna razón, como la fricción o la atracción por parte de otro átomo, por un momento están libres para viajar. A estos electrones se les conoce como radicales libres, cada uno de ellos busca a otro electrón y forman parejas que giran en sentido opuesto. A este proceso de creación de pares se le denomina formación de parejas de radicales. En este breve plazo de libertad es posible que un campo magnético haga que cambien de dirección. El resultado consiste en aumentar el periodo de tiempo necesario para la formación de parejas de radicales y, por tanto, para concluir el proceso de reacción.

Dos científicos de la Universidad de Utah, Tim Harkins y Charles Grissom, diseñaron un experimento para ver si un campo magnético podía afectar así a las enzimas. Colocaron una mezcla de enzimas y substrato (la sustancia en la que actúan las enzimas) en una jarra transparente de vidrio con los polos de un imán en cada uno de sus extremos. La mezcla se enturbiaba cuando las enzimas estaban activas, por lo que al medir el nivel de nebulosidad con un espectrómetro permitía conocer el nivel de actividad enzimática. En el experimento, se conectó el electroimán durante cierto espacio de tiempo y se midió el efecto del campo magnético sobre la actividad de las enzimas.

Los científicos observaron que la mezcla se enturbiaba hasta un 25 por ciento más lentamente cuando se activaba el campo magnético. Al variar la fuerza del campo, también descubrieron que los campos más fuertes no necesariamente son los más efectivos: su efectividad comenzó a disminuir a 500 gauss y llegó al punto máximo a los 1.500, después de lo cual comenzó a bajar de nuevo. Por ello, para lograr un efecto óptimo es necesario conocer la fuerza correcta del campo.

cómo estimular la circulación

Los campos magnéticos aceleran el flujo sanguíneo y reducen la obstrucción de las venas y arterias.

Poco menos del uno por ciento de nuestra sangre está formada por partículas o iones cargados. Entre ellos están el sodio (Na^+) y el cloro (Cl^-) que al combinarse forman la sal, lo cual explica por qué la sangre tiene un sabor salado.

Supongamos que una determinada cantidad de iones se mueven en la sangre que circula por una arteria. Si ponemos esa arteria entre los polos de un imán estático los iones se moverán entonces en un campo magnético. Luego se polarizarán: los iones con carga negativa se moverán en dirección contraria a los de carga positiva, por lo que se irán a lados opuestos de la arteria. Al mismo tiempo, esta polarización generará un campo eléctrico y su diminuta diferencia de potencial se traducirá en un pequeño flujo de corriente inducida. Los iones que se hayan adherido a las paredes de la arteria podrán ser liberados por esta corriente y podrán volver a fluir al torrente principal.

Esta misma acción se observa también en los tubos de agua "forrados" de sarro: mediante un imán estático colocado en la parte de fuera, no sólo las sales se mantienen en suspensión sino que poco a poco se disuelven los sedimentos que impiden el paso de agua. Durante muchos años se ha aplicado esta técnica en la industria y da los mismos resultados en el caso de las venas y las arterias bloqueadas con obstáculos indeseables para la circulación.

En las arterias, la velocidad de la circulación es directamente proporcional a la tensión que se acumula a lo largo de las mismas y esto, a su vez, dependerá de la fuerza del campo magnético aplicado. En casos de obstrucciones severas, existe el riesgo potencial de que la aplicación de imanes demasiado potentes pueda acelerar rápidamente la velocidad del torrente sanguíneo lo cual podría hacer que los materiales depositados, aún en suspensión, se dirigieran a otra parte del sistema circulatorio y crearan un bloqueo en otro lugar. En casos así, las fuerzas de los campos más recomendables no son necesariamente las más grandes. La cantidad máxima que se podría aplicar en estos casos sería de alrededor de 950 gauss, aunque a medida que se vayan viendo mejoras, se podría incrementar.

Tratamiento de la gota con imanes

Uno de los primeros usos terapéuticos de los imanes en problemas circulatorios fue el tratamiento de la gota. Se dice que Cleopatra usaba imanes para tratar a sus amantes romanos. Este padecimiento se

debe a una acumulación de cristales de ácido úrico en la sangre, hasta un grado en que impide el flujo sanguíneo. Los efectos de este mal se hacen particularmente evidentes en el punto en que los vasos sanguíneos pasan sobre los huesos de los dedos gordos de los pies, lo cual produce un dolor tal que los pacientes apenas si soportan que se les toque esa parte del cuerpo.

Originalmente, dichos cristales se pueden formar debido al abuso en el consumo de bebidas alcohólicas, pero la gota también afecta a personas mayores que casi no beben alcohol, y el problema se puede volver crónico. El tratamiento convencional de esta enfermedad se basa en la administración de antiinflamatorios no esteroidales (NSAID, por sus siglas en inglés), pero es posible que su efecto tarde algunos días en sentirse y, a la larga, su efectividad decrece y entonces quizá sea necesario administrar medicamentos esteroidales más fuertes. El uso prolongado de NSAID también puede dañar los órganos internos.

La aplicación de un imán de al menos 950 gauss sobre los vasos sanguíneos generalmente produce alivio en cuestión de minutos y no provoca efectos secundarios. El imán se puede colocar dentro de un calcetín, con un segundo imán en la parte externa para mantenerlo en su sitio cerca de la parte afectada.

Tratamiento de la inflamación con imanes

Otro problema circulatorio común es la inflamación o edema en las piernas. Esta situación se presenta cuando el tejido debajo de la piel se inflama con líquidos que quedan atrapados en la zona.

Esta situación es común en los ancianos, particularmente en quienes no pueden levantarse de la cama, y también en personas obesas. Otro problema asociado con la inflamación es la formación de úlceras en las piernas, que en casos de edema severo hacen que la piel se abra y las heridas sean muy difíciles de curar.

La aplicación de un imán de 950 gauss directamente sobre las úlceras cubiertas con apósitos mejora la circulación en la zona, de tal forma que el exceso de líquido se puede disipar a través del torrente sanguíneo. En los casos de edema sólo, los imanes se pueden colocar sobre la parte inflamada o bien en las muñecas o en los tobillos para lograr un efecto más general, aunque más lento. Los imanes se pueden colocar en un calcetín elástico o en una venda, con otro imán por fuera para mantenerlos en su sitio. Hay que cerciorarse de que las vendas no estén demasiado apretadas para que no impidan la circulación, que es lo que tratamos de estimular. Con un tratamiento de una hora varias veces al día, en unas tres semanas se deberá notar una mejoría.

alivio del dolor

Investigaciones recientes indican algunas formas en que los imanes pueden mitigar el dolor.

Carlton Hazlewood, del Departamento de Fisiología Molecular y Biofísica de la Escuela de Medicina Baylor, de la Universidad de Houston en Texas, ha estado investigando durante años los efectos de los campos magnéticos en el alivio del dolor. En su estudio doble-ciego realizado en 1997 sobre la respuesta a campos magnéticos en pacientes que se recuperaban de la polio, se observó un efecto claramente positivo. Fue publicado en una conocida revista especializada y revisado por otros científicos, pero, a pesar de ello, recibió algunas críticas porque todos los pacientes, sin importar si se les aplicaban campos magnéticos o si se les administraba un placebo, manifestaron alguna mejoría.

Ese mismo año, en la Conferencia Internacional sobre Estrés, en Montreux, el doctor Hazlewood presentó un trabajo fascinante. Dicho especialista propuso que los linfocitos T o glóbulos blancos, que nos protegen contra las infecciones, desempeñan una importante función en el alivio del dolor. Según su teoría, la distribución de los linfocitos T en las diferentes etapas de su ciclo celular es la responsable del nivel de dolor crónico sufrido. Cuando se detecta un agente nocivo en el organismo, los linfocitos T se preparan para la batalla entrando en la primera etapa del ciclo, que es la fase en la que se provoca el dolor. En el estudio del doctor Hazlewood, el alivio del dolor crónico se asocia con un cambio casi sincrónico de los linfocitos T a su siguiente etapa, la fase de síntesis.

Esto sugiere que al aplicar un campo magnético estático se reduce la sensación de dolor ayudando a los linfocitos T a pasar a su etapa de síntesis.

El efecto de los imanes esobre las endorfinas

En la misma conferencia, Saul Liss, asesor de Paterson, Nueva Jersey, informó sobre un sencillo experimento para estudiar el efecto de un campo magnético estático sobre los analgésicos naturales del organismo, conocidos como beta endorfinas. Expuso las palmas de las manos de los sujetos que utilizó en su investigación durante 15 minutos a un imán estático de 3.950 gauss y midió el efecto tomando muestras de

Caso

En un análisis que realizó en 1976 de 68 informes y libros científicos, el doctor Kyoichi Nakagawa, director del Hospital Isuzu, en Tokio, encontró siete investigaciones independientes en las que se hablaba del alivio del dolor y tensión en los hombros, en pacientes que usaban pulseras magnéticas. Quienes habían usado imanes reales de entre 200 y 1.300 gauss, manifestaron mejorías de un 78 por ciento, en comparación con sólo un 17 por ciento de los sujetos de control, que usaron imanes de fantasía.

En uno de estos informes se observó que los imanes de 1.300 gauss eran más efectivos que las versiones más débiles de 200 gauss (Yamada et al., 1976, informe presentado al Ministerio de Salud de Japón, no publicado). Con base en su propia experiencia y en las evidencias disponibles, el doctor Nakagawa llegó a la conclusión de que los campos estáticos, para ser efectivos deben ser por lo menos de 500 gauss.

15 mililitros de sangre de una vena del antebrazo al principio del experimento y de nuevo, 60 y 130 minutos después de iniciar la exposición a los imanes.

Llegó a la conclusión de que la cantidad de beta endorfinas en la sangre se había incrementado un 25 por ciento 60 minutos después de la exposición y un 45 por ciento 130 minutos más tarde.

La conexión entre el aumento en los niveles de endorfinas y el cambio en los ciclos de los linfocitos T es evidente. A ambos los activan las heridas, que liberan una corriente eléctrica durante el proceso curativo. Como respuesta a esta corriente, aumenta el nivel de beta endorfinas analgésicas, y los linfocitos T son atraídos al lugar de la herida para proteger al organismo contra agentes patógenos que pudieran entrar por la herida.

las pulseras magnéticas

Las pulseras con imanes de alto poder pueden reducir el dolor de los músculos y de las articulaciones en cualquier parte del cuerpo.

Varios fabricantes producen pulseras magnéticas para usarlas en las muñecas. Las pruebas han demostrado que, siempre y cuando la fuerza de un imán sea de por lo menos 500 gauss, puede reducir de manera efectiva el dolor en zonas alejadas de las muñecas, como las molestias artríticas en las rodillas. ¿Por qué?

La sangre recorre el organismo y transporta el oxígeno, que lo abastece de energía y de los componentes celulares y líquidos del sistema inmunológico, además de eliminar gases tóxicos como el bióxido de carbono y actuar como elemento refrigerante o calorífero, dependiendo de las necesidades.

Aparte de la solución salina que forma un 50 por ciento de ella, la sangre está compuesta por glóbulos rojos, glóbulos blancos y plaquetas. Estas últimas contribuyen a la coagulación y lo hacen debido a sus cargas eléctricas –las plaquetas con cargas opuestas se atraen entre sí y se agrupan. Los glóbulos rojos están cargados negativamente y son repelidos por las paredes de las arterias y venas, que también tienen cargas negativas. Esta fuerza de repulsión les ayuda a fluir de manera libre a través del organismo. Siempre y cuando sean bastante fuertes, los campos magnéticos estáticos aceleran y mejoran el flujo sanguíneo, como ya vimos en las páginas 74-5.

Los glóbulos rojos contienen millones de moléculas de hemoglobina, cada una de las cuales posee un átomo central de hierro, que se ve afectado por los campos magnéticos. Debido a este sutil sistema, que aún no se entiende en su totalidad, pero que probablemente evolucionó debido al campo magnético de la Tierra, resulta que un campo magnético estático ayuda a la hemoglobina a cumplir su tarea de transportar oxígeno a los tejidos musculares. Una vez allí, el oxígeno lleva a cabo su función como receptor de electrones en la parte final de la síntesis de energía (ver página 71). Por tanto, al mejorar la capacidad de las moléculas de hemoglobina para transportar oxígeno, los campos magnéticos ayudan a los músculos a obtener energía. Con esta energía adicional, los músculos pueden funcionar más tiempo antes de cansarse y empezar a doler.

Alivio del dolor en las articulaciones

A medida que envejecemos, el dolor en las articulaciones es un mal común, porque nuestras articulaciones se desgastan con el uso (osteoartritis). Cuando se deterioran las superficies de las articulaciones, los huesos empiezan a friccionarse. Esto genera campos eléctricos, como la fricción entre el cabello y un peine puede generar un campo eléctrico estático. Las investigaciones que he realizado con los campos endógenos del cuerpo me han convencido de que los campos eléctricos extraordinarios envían señales a los glóbulos blancos en el sentido de que se aproxima un cuerpo extraño y posiblemente perjudicial, y estas señales los estimulan a emprender la lucha. Como observó Carlton Hazlewood, la aplicación de un campo magnético estático puede hacer que los glóbulos blancos pasen a la siguiente etapa de su ciclo celular, que es acompañada por una espectacular reducción del dolor (ver página 76).

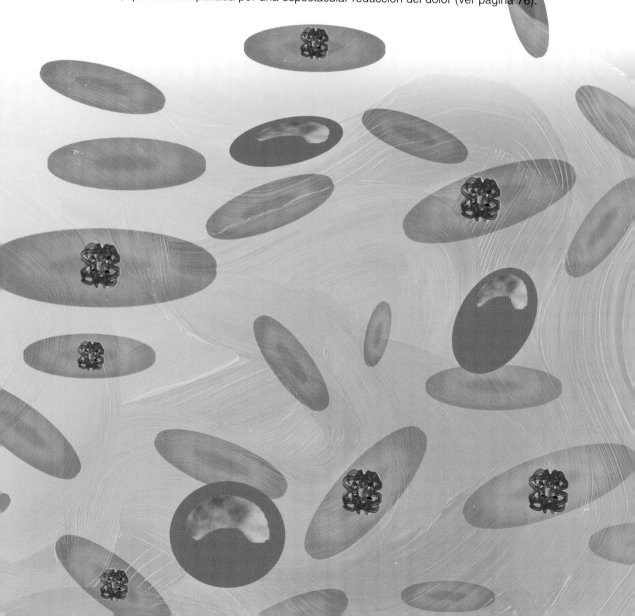

tratamientos con imanes

Indicaciones para el uso de imanes en el tratamiento de enfermedades comunes.

Los planes terapéuticos incluidos entre las páginas 86 y 97 son una guía con instrucciones claras para el tratamiento de algunas enfermedades comunes que normalmente responden de manera favorable a la magnetoterapia. Antes de aplicarlos, es necesario leer las notas de seguridad y los casos en que no se deben utilizar imanes, que se exponen a continuación. En cada uno de estos tratamientos se señala la fuerza de los imanes a utilizar aunque en las páginas 84-5 se dan instrucciones generales sobre los diferentes tipos de imanes existentes y sobre las técnicas para aplicarlos.

La seguridad de los campos magnéticos

La Junta de Protección Radiológica Nacional del Reino Unido (NRPB, por sus siglas en inglés) ha investigado la seguridad de la exposición a fuertes campos magnéticos estáticos y no ha encontrado prueba alguna sobre los posibles efectos nocivos de los campos de hasta dos teslas. En realidad este límite es inexistente, pues la tecnología MRI (resonancia magnética) utilizada en los hospitales para el reconocimiento orgánico y cerebral aplica campos de hasta cuatro teslas. En sus recomendaciones la NRPB dividió dos teslas entre 10 para establecer el valor 200mT (o 2.000 gauss). Este es el límite máximo que recomiendan durante un periodo de 24 horas. Todos los imanes utilizados en los tratamientos reseñados en las páginas 86-97 poseen una fuerza menor.

Los practicantes de magnetoterapia por lo general recomiendan que, cuando un imán ha cumplido su cometido, sea retirado, permitiendo que el cuerpo se cure por sí mismo, de manera natural.

Combinación de la magnetoterapia con otras técnicas

Se pueden aplicar tratamientos con imanes sin ningún riesgo junto con otras técnicas terapéuticas y complementarias, y quizás realmente se potencie su efectividad. Un campo magnético acelera o frena las reacciones químicas que tienen lugar en el cuerpo hasta lograr su índice óptimo (ver página 72) y genera un efecto estabilizador sobre las reacciones celulares

Investigaciones

El número de enlaces en la cabeza de los espermatozoides de rata se redujo tras la exposición a un campo estático de 7.000 gauss durante 35 días, lo cual sugiere el uso de una potencia menor (Tablado, Pérez-Sánchez et al. 1998). Un grupo de ratones expuestos a un imán estático de 4.200 gauss crecieron significativamente menos los primeros 11 días después de su nacimiento que otro grupo de ratones expuesto a imanes de fantasía (Barnothy, 1963). Sin embargo, en otra investigación no se encontraron diferencias entre las ratas y ratones después de cuatro semanas de exposición a campos de diferentes fuerzas (Bellosi, Sulter-Dub et al. 1984).

En un estudio realizado con embriones de pollo, tras su exposición durante 13 días a un campo magnético estático, se encontraron señales de degeneración o retraso en el proceso de diferenciación neuronal de las células del cerebelo (Espinar, Piera et al. 1997).

inducidas por terapias como la acupuntura, la reflexología o los fármacos. En realidad, se ha visto que los imanes coadyuvan en los tratamientos convencionales, de tal forma que se pueden reducir las dosis, en ocasiones, hasta a una décima parte de las necesidades anteriores. No se pueden señalar con precisión los efectos que los imanes tienen junto a determinados medicamentos, por el simple hecho de que todavía no se ha realizado ninguna investigación en este sentido.

Siempre es necesario consultar al médico antes de iniciar un tratamiento con imanes y no hay que reducir la dosis de los medicamentos prescritos sin la opinión del médico.

Contraindicaciones

Las investigaciones publicadas sobre los efectos de los campos magnéticos estáticos en determinadas circunstancias son muy pocas. Hasta que se tengan dichas evidencias, lo más recomendable es tomar las cosas con cautela. Debemos tener en cuenta las sugerencias o las contraindicaciones incluidas en los imanes y no aplicarlos en pacientes en los que se dé alguna de las siguientes circunstancias.

• Mujeres embarazadas y niños menores de tres meses

No hay estudios que demuestren los efectos adversos de los imanes estáticos durante el embarazo en la mujer o sobre el feto y ningún comité de ética médica los autorizaría. Sin embargo, existen algunas investigaciones en las que se informa acerca de los efectos negativos sobre animales jóvenes, embriones y espermatozoides (ver texto a la izquierda).

• Hemofilia y hemorragias

Como uno de los efectos de los campos magnéticos consiste en aumentar el flujo de sangre, con la magnetoterapia se podrían presentar efectos secundarios no deseados. Por ello, no es aconsejable utilizar imanes en los pacientes que hayan sido sometidos recientemente a una intervención quirúrgica.

• Los implantes de metal

Los metales existentes en el cuerpo concentran campos magnéticos de manera impredecible, lo cual puede ser contraproducente para el tratamiento.

• Los marcapasos

Los campos magnéticos pueden influir en el ritmo cardiaco, por lo que los pacientes con marcapasos no deben utilizar imanes.

Si sufre usted algún efecto adverso después de utilizar imanes, póngase en contacto con el fabricante. La mayoría lleva un registro de este tipo de informes para advertir a otros consumidores sobre las contraindicaciones de su uso.

qué imanes usar

Hay algunos factores que se deben tener en cuenta
al comprar imanes para tratamiento casero.

Muchos dispositivos existentes en el mercado implican la aplicación de imanes estáticos en el cuerpo: pulseras, pendientes, plantillas para calzado, imanes adheridos a
ropa y cinturones, imanes en asientos y fundas para asiento e imanes en los colchones. Con frecuencia, estos dispositivos se venden sin información acerca de la fuerza
de los imanes, pero los fabricantes deberán poder proporcionarnos esta información.
Asimismo, su uso puede ser muy limitado −no es fácil usar una pulsera imantada
para mitigar el dolor de espalda.

Es evidente que los imanes que se pueden aplicar en cualquier parte del
cuerpo son más versátiles. Y si únicamente podemos aplicar una fuerza de campo,
tal vez el uso de nuestro imán sea muy limitado, ya que para el tratamiento de distintos males, se requieren diferentes fuerzas.

Los Laboratorios de Investigación Coghill producen imanes de neodimio (ver
página 23) en paquetes de dos, que se pueden utilizar con o sin separadores entre
ambos para variar la fuerza de los campos. Si se utilizan juntos, sin separador, los
dos imanes crean un campo muy poderoso, normalmente de unas 2.000 gauss.
Cuando se inserta entre ellos el separador, el campo se vuelve mucho más débil
(1.450 gauss), mientras que si se utiliza sólo un imán, se tendrá una fuerza de
campo de alrededor de 700 gauss. Los paquetes de imanes y separadores deben
incluir detalles acerca de las fuerzas de los campos e instrucciones precisas sobre la
forma de combinar imanes y separadores para lograr dichas fuerzas.

Cómo utilizar los imanes
En los esquemas de tratamiento de las páginas 86 a 97 se explican detalladamente
los lugares donde se deben aplicar los imanes. Una de las formas más sencillas de
aplicar un imán al cuerpo es ponerlo en la ropa con otro imán, o con una moneda
magnética al otro lado para evitar que se deslice. Si esto no fuera posible, podemos
utilizar esparadrapo o bien mantenerlo en su lugar con una venda.

Tipos de imanes
Algunos fabricantes y terapeutas describen sus imanes como productos unipolares.
Esto no significa que solamente tengan un polo. No existe esa clase de imanes: por
muy pequeños que sean, uno de sus extremos siempre será el polo norte y el otro el
sur. A lo que se refieren es a que sólo se aplica en el cuerpo uno de sus polos.

Polo norte y polo sur

Algunos practicantes de la magneto-terapia sostienen que existe una diferencia terapéutica si se aplica al cuerpo el polo norte o el polo sur. Aún no he hallado ninguna investigación certificada por otros especialistas en la que se sustente esta teoría y supongo que la mayoría de los médicos se sorprenderían si existiesen tales diferencias.

Todos los imanes tienen un polo norte y un polo sur, así llamados porque uno de ellos siempre apunta hacia el norte magnético de la Tierra. El campo magnético que emerge de uno de los polos gira alrededor del imán para llegar al otro polo. Por tanto, si colocamos sobre el cuerpo el polo norte de un imán, la influencia de su polo norte (por debajo del imán) será equilibrada por la influencia de su polo sur, posiblemente sólo a tres milímetros de distancia. Por tanto, el efecto será el mismo, independientemente del polo que apliquemos.

Advertencia

El lector siempre deberá tener en cuenta las sugerencias que aparecen en la página 82 y las contraindicaciones de la página 83.

En los imanes bipolares se aplican ambos polos simultáneamente. Un ejemplo son los imanes de herradura, aunque no se usan en la terapia. Sin embargo, algunas pulseras y otros aparatos contienen imanes distribuidos en una forma bipolar, con los polos opuestos adyacentes entre sí. Algunos fabricantes aseguran que así se incrementa el flujo magnético en el cuerpo, lo cual provoca un efecto terapéutico mayor. No obstante, la fuerza del campo magnético es mucho menor que con los imanes unipolares, debido a que los polos opuestos tienden a anularse uno a otro.

Cómo seguir los esquemas de tratamiento

Los esquemas de tratamiento de las páginas 86 a 97 son una guía clara sobre la fuerza de un imán y la cantidad de ellos que se puede utilizar, la frecuencia con que se deben aplicar y durante cuánto tiempo. Esta información se basa en las conclusiones sobre los tiempos óptimos de exposición para diferentes padecimientos a partir de un importante número de pruebas clínicas realizadas en todo el mundo.

Las fuerza magnéticas referidas en los esquemas de tratamiento están dadas en unidades gauss "en la cara del polo", que es el polo del imán, el cual entra en contacto con la piel. Algunos efectos se logran mejor mediante la aplicación de fuerzas de campo muy tenues, no necesariamente las más elevadas. Antes de seguir alguno de estos esquemas, debemos cerciorarnos de la fuerza del campo en la cara del polo de nuestros imanes.

Cómo establecer el tratamiento

Cuando tengamos algo de experiencia en el uso de los imanes y estemos ya familiarizados con las aplicaciones descritas en este libro, es posible que deseemos experimentar un poco. Los imanes estáticos con fuerzas de campo de hasta 2.000 gauss son muy seguros, por lo que es muy poco probable que causen algún daño, siempre y cuando sigamos las indicaciones de seguridad y tomemos en cuenta las contraindicaciones de las páginas 82 y 83.

Como sugerencia sobre la duración y frecuencia del tratamiento, deberemos interrumpir el uso de los imanes cuando empecemos a sentirnos mejor. Y volverlos a aplicar si otra vez sentimos alguna molestia. Como regla general, no se deberán usar imanes durante más de ocho horas consecutivas.

dolor en los músculos y las articulaciones

- dolor en la zona lumbar
- codo de tenista y hombro inmóvil
- afecciones de las extremidades superiores

En la actualidad pasamos mucho tiempo sentados: conducimos nuestros automóviles distancias muy largas, permanecemos en una silla todo el día en la oficina y casi todas las noches vemos la televisión. Por ello, nuestra sangre circula con mayor lentitud, lo cual significa que una cantidad menor de oxígeno es transportada por nuestra hemoglobina hasta los tejidos musculares.

Los músculos necesitan energía continuamente, aunque sólo sea para mantener el esqueleto en la postura correcta y una de las consecuencias de esa circulación inadecuada es el dolor muscular, especialmente en la región lumbar. La aplicación de imanes estáticos puede aliviar el dolor en los músculos y las articulaciones y a veces los resultados son espectaculares e inmediatos.

El dolor en la zona lumbar

Imanes a utilizar: dos imanes de 950 gauss como mínimo y hasta 2.000 gauss como máximo.

Deslice las manos a lo largo de la columna vertebral hasta llegar a la pelvis. Coloque los imanes a unos 2,5 centímetros sobre este punto y a unos 5 centímetros en cada lado de la columna. De cualquier forma, tal vez sintamos que esas zonas son la sede del dolor. Debemos mantener los imanes en posición colocando una pequeña moneda o arandela al otro lado de la ropa. Es necesario aplicar los imanes alrededor de 30 minutos, pero no sufriremos ningún daño si los utilizamos toda la noche.

Codo de tenista y hombro inmóvil

Imanes a utilizar: uno de 2.000 gauss

En cierta forma, estas molestas situaciones crónicas (incluida la tendinitis crónica) son difíciles de eliminar, pero el alivio puede ser asombrosamente repentino. Hay que colocar un imán de 2.000 gauss donde sintamos el dolor y mantenerlo en su sitio con una pequeña arandela de hierro al otro lado de la ropa. Deberemos sentir mejoría unos 30 minutos después de la aplicación, pero podemos mantener el imán sin ningún peligro durante toda la noche.

Afecciones de las extremidades superiores

Imanes a utilizar: dos de 2.000 gauss

Entre estos trastornos están el síndrome del túnel carpiano, la tenosinovitis y las lesiones por esfuerzo permanente (RSI, por sus siglas en inglés). Es necesario aplicar un par de imanes de 2.000 gauss, uno en cada cara de la muñeca donde se sienta el dolor. Se deben sostener con un guante y usarlos toda la noche. Estos problemas eran comunes en la década de 1980 entre los usuarios de los ordenadores, pero desde la aparición de los monitores de baja radiación su incidencia ha disminuido, lo cual parece indicar que estos males tienen que ver con la radiación.

• artritis y reumatismo

La palabra reumatismo es un término genérico que se utiliza para describir dolores y molestias en los huesos, músculos, articulaciones y tejidos e incluye a la artritis, que afecta las articulaciones. La osteoartritis es una enfermedad degenerativa provocada por el desgaste de las articulaciones debido al uso, especialmente en las manos y las rodillas. A los 60 años, todas las personas a quienes se les toman placas de rayos X presentan alguna forma de artritis, aunque no tengan síntomas.

Debido a que los cambios degenerativos son irreversibles, no existe curación para la artritis y su tratamiento suele ser a base de antiinflamatorios no esteroides. Los imanes pueden reducir de manera espectacular el dolor de los males reumáticos y artríticos, incluso si el paciente ha tenido molestias durante muchos años. Hay que evitar seguir usando los imanes después de que desaparezca el dolor, porque el efecto calmante de los campos magnéticos se ve reducido ante una exposición prolongada.

Alivio del dolor
Imanes a utilizar: uno de 2.000 gauss

Es necesario ponerlo en la región donde se siente el dolor y mantenerlo en su sitio con una arandela de hierro al otro lado de la ropa. Hay que usarlo hasta que desaparezca el dolor. Por lo general son suficientes 10 minutos. Cuando disminuyan las molestias, se deberá retirar.

Las pulseras magnéticas

Las pulseras con imanes pueden ser muy efectivas para el alivio del dolor reumático o artrítico en cualquier parte del cuerpo (ver página 78). Se debe escoger una pulsera con una fuerza mínima de 500 gauss para usarla todo el tiempo. Las pulseras con imanes más fuertes –de alrededor de 2.000 gauss– se deben usar sólo por las noches. Hay que asegurarse de que queden ajustadas para que los imanes queden lo más cerca posible de la muñeca.

Las pulseras de cobre

Los dolores artríticos y reumáticos tienden a ser más fuertes cuando hay un alto nivel de iones positivos en el aire (por ejemplo, antes de una tormenta) y a disminuir cuando existen más iones negativos. Como los iones del cobre tienen carga positiva, las pulseras de este material atraen hacia el organismo iones con carga benéfica negativa. Se deben lavar todos los días con agua corriente para evitar la acumulación de electrones libres y que puedan así funcionar de manera adecuada.

Investigación

Existen infinidad de evidencias anecdóticas sobre la eficacia de los imanes en el tratamiento del reumatismo y la artritis, pero son muy pocas las investigaciones clínicas que se han llevado a cabo. En el análisis que hizo de la literatura especializada en 1996, el doctor Jiri Jerabek, del Instituto Nacional de la Salud de la República Checa, cita un estudio precursor sobre la artritis reumatoide (Aryshenkskaya, 1977) en el que a un grupo de pacientes se les colocaron imanes de entre 150 y 400 gauss durante 15 minutos, unas 10 o 20 veces. En las primeras etapas de la investigación respondieron de manera favorable, pero en ocasiones se observó una recaída, seguida de una mejoría variable.

problemas respiratorios
- tos
- asma

La tos
Imanes a utilizar: dos de 950 gauss

Se deben utilizar dos imanes en el pecho y dos en la espalda durante 25 minutos todos los días, por un espacio de entre 10 y 15 días. Si la tos desaparece en este espacio de tiempo, será necesario interrumpir el tratamiento. Si se padece bronquitis, habrá que aplicar los imanes en el centro de la parte superior de la cabeza durante 25 minutos todos los días, durante un periodo de entre 10 y 15 días. Se debe seguir este trata- miento junto con los medicamentos normales e informar al médico de que también se están usando imanes.

El asma

Imanes a utilizar: cuatro imanes de
2.000 gauss

Es probable que uno de cada siete
niños en Gran Bretaña padezca
asma en algún momento de su vida,
es un dato estadístico terrible, pare-
cido a lo que sucede en Estados
Unidos y en Australia. No interrumpa
el tratamiento prescrito y avise al
médico de que también está usando
imanes.
El tratamiento convencional consiste
en poner los dos imanes de 2.000
gauss en el pecho y la espalda,
sobre las vías respiratorias.
El médico magnetoterapeuta
Michael Tierra coloca imanes de
3.000 gauss dos centímetros a cada
lado de la columna, entre la séptima
vértebra cervical y la primera toráci-
ca. (La séptima vértebra cervical es
la que más sobresale en la base del
cuello cuando nos inclinamos hacia
delante). Son puntos de acupuntura
para el tratamiento del asma en la
medicina tradicional china.
Para cada tratamiento, es aconsejable aplicar los imanes durante alrededor de una hora cada día, durante
un plazo de entre 20 y 30 días.
También los podemos usar durante
los accesos de asma, pero sólo después de haber emprendido las
acciones pertinentes de emergencia.

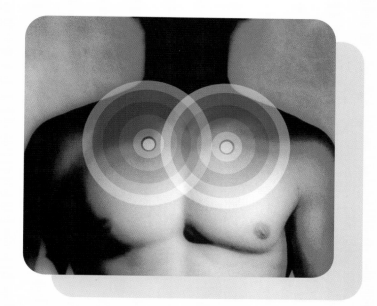

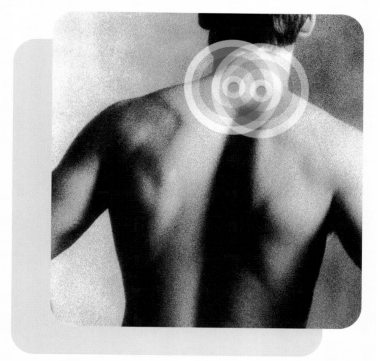

• estreñimiento
• dolores menstruales

El estreñimiento

Imanes a utilizar: cinco de 950 gauss

Las investigaciones clínicas han tendido a centrarse en los padecimientos intestinales inflamatorios, más que en el estreñimiento, pero los testimonios personales recomiendan el tratamiento de este problema con imanes. Hay que colocar los cinco imanes en una hilera horizontal a lo largo de la parte baja del abdomen, durante no más de tres horas. Es posible que el efecto sea tan repentino, ¡que debemos estar preparados!

Caso

Mi esposa empezó a padecer estreñimiento cuando dio a luz a nuestro hijo. Inquieta ante la posibilidad de tener que tomar medicamentos que quizás pasaran al niño a través de la leche, se colocó imanes en la parte baja del vientre al acostarse. A la mañana siguiente me alegré al saber que por la noche se había resuelto el problema.

Los dolores menstruales

Imanes que se deben usar: uno de 400 gauss

Los imanes alivian los dolores mejorando la circulación en la zona problemática. Hay que aplicar un imán de 400 gauss en el vientre, entre el ombligo y la pelvis, durante un lapso de hasta 10 minutos. Los cólicos deberán desaparecer en ese espacio de tiempo. Es aconsejable tener precaución cuando se utilicen imanes cerca del aparato reproductor, y usarlos durante el tiempo mínimo necesario, cuando se presenten los calambres.

Investigación

El alivio de los cólicos menstruales fue uno de los beneficios a los que se refirieron Suprun y Kerkhevitsch, quienes en 1989 trabajaban en San Petersburgo, en su análisis sobre las investigaciones ginecológicas. En una prueba hecha con un grupo de mujeres con terribles malestares menstruales, se les aplicó un imán de 400 gauss en el vientre durante la segunda mitad de su ciclo menstrual durante 30 minutos al día. Después de tres series, con un intervalo de un mes entre los tratamientos, más del 90 por ciento de las pacientes informaron de una mejoría. Otros de los padecimientos en los que se aplicaron con éxito tratamientos con imanes fueron la lactostasis, las erosiones exocervicales, la endocervitis y la restitución de la capacidad conceptual. La mayoría de estas investigaciones se realizaron en Moscú y en San Petersburgo y, salvo sus reseñas, sólo están disponibles en ruso.

- inflamación
- dolores de cabeza
- síndrome del desfase horario (*jet lag*)

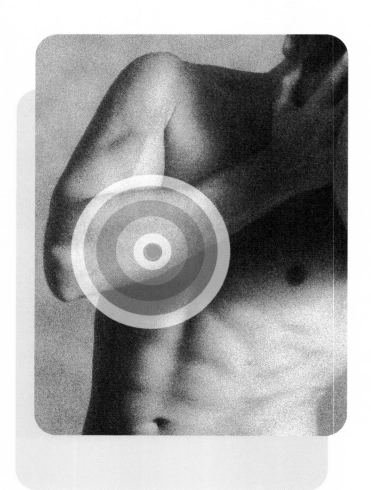

La inflamación
Imanes a utilizar: uno de 2.000 gauss

La inflamación es la respuesta natural del organismo ante la invasión de cualquier agente tóxico. Algunos ejemplos son las picaduras de avispa, la urticaria y las quemaduras o laceraciones. La inflamación es un signo de que hay más sangre en la zona de la lesión que en circunstancias normales. Los glóbulos blancos nos protegen de este tipo de invasiones y su presencia es una parte indispensable del proceso de sanación. Los imanes disminuyen la inflamación incrementando el flujo de sangre hacia fuera de la herida. Es necesario aplicar los imanes directamente en el área afectada y mantenerlos en su lugar con una venda. El dolor agudo deberá aliviarse casi inmediatamente, pero hay que dejar el imán toda la noche para disminuir la inflamación.

Los dolores de cabeza

Imanes a utilizar: uno de entre 200 y 700 gauss

Muchos dolores de cabeza desaparecerán con la aplicación de un imán en la parte media de la frente, especialmente los dolores de cabeza causados por tensión, o las migrañas, que pueden ser provocadas por la constricción de los vasos sanguíneos de la cabeza. Hay que colocar el imán en su sitio durante 10 o 15 minutos, adherido a un sombrero, o simplemente ponerlo en la frente mientras se está relajado, preferentemente tendido en la cama.

Debido a que los dolores de cabeza se pueden deber a un sinnúmero de causas, es imposible establecer un efecto universalmente benéfico de los imanes y a veces sólo dan resultados parcialmente positivos. Si, después de una hora de aplicar el imán no se ha conseguido ningún efecto, es aconsejable abandonar el tratamiento. Sin embargo, si el tratamiento con imanes funciona, podemos volver a utilizarlo sin problemas hasta una hora cada día.

El síndrome del desfase horario (*jet lag*)

Imanes a utilizar: uno de 2.000 gauss

Esta molestia puede ser provocada por la rápida reorientación del campo geomagnético en relación con los ritmos circadianos del propio cerebro. Parece que en este caso los imanes actúan como un borrador de cintas de vídeo, lo cual permite al cerebro adaptar más rápidamente su reloj. Es necesario poner el imán en la parte central de la frente, ya sea en un sombrero o con la mano, durante los últimos 10 minutos del vuelo en avión.

Una vez escuché el testimonio de una mujer que visita con frecuencia a sus parientes en Australia. Después de haber usado un imán de acuerdo con las instrucciones, por primera vez en su vida no sufrió del molesto síndrome después del vuelo.

• insomnio

Alrededor de 30 millones de estadounidenses y 10 millones de
británicos sufren algún tipo de trastorno del sueño, ¿será que
no se cansan físicamente? ¿Es a causa del aire de las ciudades? ¿O un efecto de la contaminación electromagnética?
Muchas evidencias anecdóticas y los resultados de algunas
investigaciones sugieren que dormir sobre un colchón magnético mejora el sueño.

Colchones magnetizados

Los primeros colchones de este tipo estaban fabricados en
Japón y se aseguraba que alrededor de 10 millones de japoneses dormían sobre uno de ellos para beneficio de su salud.
Puesto que los japoneses están acostumbrados a dormir sobre
el suelo, con una almohada dura, los primeros colchones eran
demasiado duros para los europeos y los estadounidenses, y
algunos usuarios descubrieron que dormían peor que antes.
Actualmente es posible encontrar una amplia variedad de colchones magnetizados suaves, o colchonetas magnetizadas
para colocarlas sobre los colchones normales (ver página 120).

Para dormir bien

Es buena idea tomarse algún descanso ocasional del colchón magnético, para que los sistemas del cuerpo no se hagan inmunes a sus efectos benéficos.

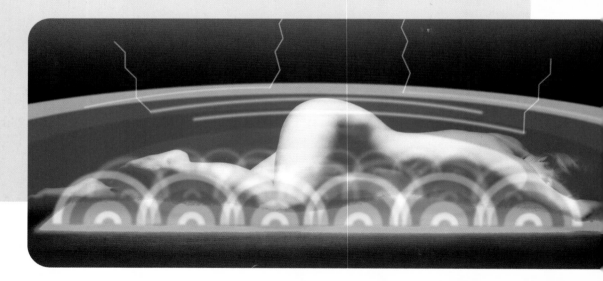

La mayoría de los colchones magnetizados contienen entre 200 y 300 pequeños imanes de 750 a 900 gauss, colocados de manera alterna con el polo norte y sur hacia arriba. Los fabricantes aseguran que dormir en ellos aporta un sinnúmero de beneficios, entre ellos un sueño más reparador, alivio del dolor muscular y la tensión y hasta un rejuvenecimiento del rostro, debido a una mejor circulación.

Hasta ahora sólo he encontrado un estudio contrastado en el que se demuestra que los colchones magnéticos son benéficos para la salud (ver párrafo anterior). Espero que pronto se publiquen más investigaciones de este tipo.

Investigación

En una investigación de control doble-ciego realizada en tres hospitales japoneses (Kaoseikai Suzuki, San-ikukai y Tokio Communications Hospitals: Shimodair, 1990) se estudiaron los patrones de sueño de 431 sujetos. Cincuenta y seis de ellos durmieron en colchones no magnetizados sin saberlo, mientras que los demás usaron colchones con 104 imanes de entre 750 y 950 gauss. Después de seis meses, quienes se acostaron en colchones magnetizados notaron una mejoría de entre 76 y 95 por ciento en sus patrones de sueño. Más del 50 por ciento informaron de mejorías en un plazo de tres días, incrementándose hasta un 70 por ciento después de cinco días. Tras seis meses de uso, no se observó ningún efecto fuera de lo normal en los sistemas digestivo, circulatorio ni neuroperceptivo de los individuos que participaron en el experimento.

Investigación

Una de las principales causas de los trastornos del sueño en personas normalmente sanas es el efecto de los campos eléctricos de la casa (ver página 40). En una investigación realizada por los Laboratorios de Investigación Coghill tratamos de evaluar el efecto del campo magnético de los colchones en el entorno eléctrico de las personas que los utilizaban. Durante varios días registramos el campo eléctrico existente en el área de prueba con y sin los colchones. Sin estos últimos, observamos un patrón irregular en la fuerza del campo eléctrico existente en el dormitorio, provocado por cambios en el uso de la electricidad, como el apagado y encendido de luces y aparatos electrodomésticos. Estos cambios y variaciones disminuyeron de manera importante con los colchones magnéticos.

Los campos magnéticos, aunque son muy débiles a una distancia de entre 10 y 20 centímetros de la superficie del colchón (en otras palabras, a distancias normales de uso), evidentemente afectan a los campos eléctricos del dormitorio. Parece que estos campos magnéticos estabilizan los campos eléctricos, de tal forma que se vuelven menos turbulentos y por ello no interfieren tanto en los campos endógenos del cuerpo y con los procesos celulares.

aparatos pulsantes

Ciertos dispositivos que imitan los propios campos eléctricos pulsados del organismo pueden tener efectos terapéuticos.

En muchos estudios en los que supuestamente se han analizado los campos magnéticos, en realidad lo que han investigado son campos alternos, como los emitidos por los aparatos eléctricos y las emisoras de radio o microondas. Todo parece indicar que, en términos generales, los campos alternos son perjudiciales para el cuerpo humano y sus sensibles campos eléctricos endógenos (ver páginas 38-9).

Paradójicamente, han aparecido en el mercado algunos aparatos pulsantes para el tratamiento terapéutico. Emiten corriente alterna y sus fabricantes aseguran que ayudan en problemas como los trastornos del sueño o la falta de energía, o que protegen contra otras peligrosas radiaciones. En los Laboratorios de Investigación Coghill hemos tratado de probar estos aparatos de vez en cuando y es indudable que tienen un efecto biológico, aunque es difícil establecer si este efecto es benéfico o no.

Uno de los problemas que plantea la evaluación de estos aparatos es que exponen al paciente a diferentes parámetros de manera simultánea: un componente eléctrico de frecuencia variable, el componente magnético, la densidad de la fuerza variable de ambos, el tiempo de exposición o la cantidad de aplicaciones. La pregunta es, ¿con cuál de estos factores, o en qué combinación realmente se logra la sanación?

Otro problema es que solamente se ha asignado una frecuencia para los aparatos médicos pulsantes –27,12MHz– establecida para evitar la interferencia con las emisiones de radio. Por ello, la mayoría de los estudios han podido utilizar solamente dicha frecuencia.

Por estos motivos, son pocos los aparatos pulsantes aprobados para fines médicos por las autoridades –la FDA en Estados Unidos y la Agencia de Aparatos Médicos (MDA) del Reino Unido. Se necesitan muchas pruebas de eficacia, puesto que este tipo de aparatos comunican energía electrónica en el organismo y su acumulación puede alcanzar niveles peligrosos. Por ejemplo, los teléfonos móviles son aparatos pulsantes y cada vez es mayor la preocupación de que tengan efectos graves a largo plazo sobre las personas que los usan en forma exagerada (ver página 52).

A lo largo de los años he presenciado infinidad de reacciones de pacientes que hablan de sus experiencias con casi todos los aparatos pulsantes existentes. En este momento puedo recordar por lo menos media docena que estuvieron en el mercado durante un breve espacio de tiempo para luego desaparecer.

Estos aparatos vendidos sin supervisión médica normalmente incluyen instrucciones para determinados tratamientos y ofrecen una garantía de devolución del dinero durante su periodo de prueba. Ante las presiones por parte de la MDA del Reino Unido y de la FDA en Estados Unidos, además de las autoridades encargadas de regular la publicidad, los fabricantes están emprendiendo investigaciones para demostrar que sus productos sí funcionan.

Influyendo en la actividad eléctrica del cerebro

Los electroencefalogramas (EEG) miden la actividad eléctrica del cerebro. Fueron descubiertos en 1929 pero aún no se sabe mucho acerca del funcionamiento de sus ritmos. Sabemos que cambian con las enfermedades y que son tan particulares como cada persona, al igual que el ADN. Según una teoría, los registros del EEG cerebral son una burda imagen de un sistema de señalización mucho más sofisticado, que el cerebro utiliza para regir y controlar las funciones celulares.

Stephen Walpole, ingeniero eléctrico inglés, se interesó por los EEG tras sufrir un accidente automovilístico que lo dejó con agudos ataques de migraña. Tras estudiar las mediciones de EEG tomadas a una gran cantidad de personas distintas, dedujo que los pacientes con migraña no tenían algunas frecuencias en los patrones de sus EEG. Las frecuencias que faltaban eran diferentes de una persona a otra. Todo esto lo llevó a pensar que las migrañas, y posiblemente otros males como el síndrome de fatiga crónica, se deben a la pérdida de las frecuencias del EEG. Este ingeniero inventó un aparato, el Empulse, mediante el cual era posible identificar las frecuencias ausentes y emitirlas en forma artificial, y cuando vio que con su uso disminuían considerablemente sus accesos de migraña, comenzó a producirlo a nivel comercial. Son muchas las controversias en torno de este aparato, pero al menos una investigación demostró que era efectivo para algunos pacientes (ver texto a la izquierda).

En las páginas 102 a 107 se exponen las investigaciones y los posibles tratamientos para algunas enfermedades. Debido a que los aparatos pulsantes varían de un fabricante a otro, no es posible recomendar un tratamiento general. Es necesario seguir las instrucciones del fabricante o consultar a un magnetoterapeuta.

Caso

En 1988, Sophie Young publicó un artículo en la revista *Journal of Alternative and Complementary Medicine* en el cual se incluía un estudio clínico sobre la técnica para usar el Empulse. Esta autora descubrió que la tercera parte de un grupo de 54 pacientes con migraña dejó de tener ataques de dicho mal después de usar el aparato durante tres meses, siempre y cuando no lo dejaran de usar. Después de algunos ajustes a las frecuencias emitidas, incluso los demás pacientes dejaron de sufrir ataques de migraña.

- migraña
- depresión

La migraña

Los aparatos EmWave (Empulse) (ver página 101) determinan primero los ritmos EEG del paciente, para poder luego ser programados y pulsar las frecuencias cerebrales que faltan, con lo que en algunos casos se eliminan los ataques de migraña. Antes de que el paciente pueda usarlo, un experto debe averiguar cuáles son las frecuencias que no están presentes en el EEG. Posteriormente, se programa el aparato para que las emita y el paciente lo lleva todo el tiempo alrededor del cuello.

Existen aparatos más económicos que pulsan a una frecuencia fija, pero al no estar programados de acuerdo con las necesidades particulares de cada paciente no son tan efectivos.

La depresión

La portada de la revista *New Scientist* de agosto de 1995 decía: «¡La felicidad es un imán!» En las páginas interiores se explicaba que Mark George y un grupo de investigadores del Instituto Nacional de Salud de Washington, aplicando campos magnéticos pulsantes muy fuertes sobre la corteza prefrontal del cerebro de la paciente durante 20 minutos en días alternos lograron que una mujer de 40 años, que había intentado quitarse la vida, superara el episodio depresivo. Anteriormente había sido hospitalizada en cinco ocasiones y se le habían administrado una gran cantidad de fármacos sin obtener resultados positivos. La corteza prefrontal es un área del cerebro que en los pacientes deprimidos suele funcionar por debajo de sus niveles normales.

En la década de 1990, los doctores Pat Merton y John Rothwell, del Instituto de Neurología de Londres, fueron los precursores de esta técnica, conocida como estimulación magnética intracraneal (TMS, por sus siglas en inglés). Al principio se utilizó para diagnosticar apoplejías, tumores y otros males neurológicos y posteriormente se la usó para controlar la enfermedad de Parkinson. La estimulación magnética revive la actividad neuronal de una parte del cerebro que en los pacientes con depresión crónica suele estar entumecida, pero esta técnica aún se encuentra en fase experimental.

El trastorno afectivo estacional

La causa de esta depresión invernal son los alterados niveles de melatonina –la hormona que segrega la glándula pineal y que contribuye al control del reloj biológico del organismo. Los niveles de melatonina dependen de la luz y la oscuridad, los niveles elevados producidos por la noche (en la oscuridad) nos hacen sentir soñolientos.

La producción de melatonina también se puede ver afectada por los campos magnéticos artificiales y algunos científicos han sugerido que los cambios cíclicos y anuales en el campo geomagnético pueden ser importantes en el ajuste de los ritmos de esta hormona. Sin embargo, el efecto más importante sobre la glándula pineal y sobre la producción de melatonina es la luz brillante que entra en los ojos. Un tratamiento que al parecer ha dado buenos resultados con pacientes deprimidos consiste en sentarse frente a una caja luminosa durante una hora cada mañana. Para regular de manera efectiva la producción de melatonina, la luz deberá ser al menos de 2.000 lux, nivel mucho más elevado que la luz habitual del hogar, que suele ser siempre inferior a los 1.000 lux.

- cistitis
- sinusitis
- insomnio

La cistitis

Los rusos han sido precursores en el uso de campos magnéticos para aliviar el dolor de la cistitis. En una investigación realizada en 1971 con 188 mujeres aquejadas de anexitis, un padecimiento relacionado que provoca inflamación de los ovarios, Komendryan utilizó un campo pulsado de 25 gauss a 50Hz durante cinco minutos (20 aplicaciones). Las pacientes informaron de una mejoría casi inmediata y cesaron los dolores punzantes. En 1976, otro grupo de investigadores (Vasilchenko, Berlin et al.) utilizó un periodo de exposición un poco más largo –hasta 15 minutos– en la parte baja de la espalda y en el abdomen de 53 mujeres con inflamación en las trompas de Falopio. Todas ellas dijeron que el dolor había desaparecido en la cuarta exposición.

La sinusitis

En un estudio controlado que se realizó en 1988 con 99 niños que padecían sinusitis, el investigador Jiri Jerabek utilizó un aparato ruso (JLM1) para aplicar un campo pulsado de 25Hz de alrededor de 30 gauss en los senos nasales durante 20 minutos todos los días. En 62 de los 72 niños tratados la sinusitis desapareció, en comparación con sólo cuatro de 17 los niños que formaban el grupo de control.

El tratamiento más efectivo consistió en la aplicación de terapia con campos magnéticos pulsados (PMT, por sus iniciales en inglés) junto con el uso de antibióticos, que antes no habían dado resultados favorables. Casi igual de efectivo fue el tratamiento con PMT combinado con gotas para descongestionar la nariz. El tratamiento con PMT únicamente fue utilizado como un último recurso, después de que otros intentos con gotas y antibióticos solos, además de otros tratamientos, no produjeran los resultados esperados.

El insomnio

Los trastornos del sueño son tan comunes hoy en día que casi se han convertido en un problema endémico. No es de sorprender que hayan aparecido un sinnúmero de aparatos con los que se asegura que se puede tratar de manera efectiva el insomnio, y la mayoría de ellos aplican campos magnéticos pulsados. A través de los años han salido al mercado diferentes productos, con tan poco éxito que muchos de sus fabricantes se fueron a la quiebra. Posiblemente no lograron ventas importantes debido a la falta de investigaciones certificadas sobre sus productos.

Los aparatos de terapia electromagnética para inducir el sueño por lo general pulsan en frecuencias seleccionadas que establece el usuario. Los fabricantes aseguran que imitan los ritmos lentos del cerebro observados durante el sueño. Estos pulsos lentos, que por lo general son de entre 4 y 6 Hz tienen un efecto tranquilizante que induce el sueño. Se utilizan por las noches, ya sea bajo la almohada o como a un metro del cuerpo. Son capaces de generar una amplia gama de frecuencias y fuerzas de campo y todos llevan un manual de instrucciones, además de una lista de contraindicaciones.

acupuntura biomagnética

Actualmente las técnicas de acupuntura son utilizadas con frecuencia en Occidente para tratar un gran número de dolencias.

La teoría de la medicina tradicional china está contenida en el Nei Ching o *Libro Clásico de Medicina Interna del Emperador Amarillo*. La energía de la vida o chi fluye a través del cuerpo por sendas llamadas meridianos. Cuando se goza de salud este flujo es uniforme y armonioso; sin embargo, cuando se tiene alguna enfermedad, puede carecer de equilibrio o incluso quedar bloqueado. Los puntos de acupuntura existentes sobre los meridianos son puntos en los que el flujo del chi puede manipularse o volverse a equilibrar para estimular la salud, ya sea con la aplicación de agujas (acupuntura), con presión (acupresión) o mediante la combustión de hierbas (moxibustión).

La electro-acupuntura es una versión más moderna, en la que se aplica una corriente eléctrica tenue a las agujas utilizadas en la acupuntura. La mayoría de los proveedores de materiales para acupuntura venden instrumentos de electro-acupuntura, pero sólo deben ser utilizados por personal capacitado. Otra novedad terapéutica consiste en combinar magnetoterapia con acupuntura, aplicando imanes en lugar de agujas sobre los puntos de acupuntura.

Las cualidades eléctricas de los meridianos

Uno de los primeros científicos en explorar la acupuntura desde un punto de vista electromagnético fue el doctor Robert Becker, que trabajaba en Albany, Nueva York, a principios de la década de 1970. A este médico le interesaba el uso que se hace de la acupuntura en los hospitales chinos con fines analgésicos y postoperatorios, y sugirió que los meridianos de la acupuntura eran conductores eléctricos que llevan señales al cerebro, entre ellas los mensajes de alguna posible lesión. Si su teoría es válida, bloqueando estas rutas con agujas de acupuntura se podría evitar que los mensajes de dolor llegaran al cerebro.

Con una pequeña subvención del Instituto Nacional de la Salud de Estados Unidos, el doctor Becker y su colega la doctora Maria Reichmanis, experta en biofísica, trazaron un esquema de la conductividad eléctrica de la piel en torno a los meridianos. Para su sorpresa, observaron que los puntos de acupuntura estaban cargados positivamente, en comparación con la zona circundante y que estaban rodeados por un campo eléctrico. También se dieron cuenta de que la fuerza de la corriente sobre la superficie de la piel en los puntos de acupuntura mantiene un ritmo de 15 minutos, decreciendo a medida que nos alejamos de dichos puntos. Publicaron cuatro trabajos sobre este tema.

Basándose en esta explicación sobre la naturaleza eléctrica de los puntos de acupuntura, es evidente que al insertar una aguja en dichos puntos se afectará el flujo de la corriente eléctrica. La aplicación de imanes estáticos en los puntos de acupuntura influirá en el flujo de la corriente eléctrica de una manera similar, desviando el recorrido de los electrones (ver a la izquierda).

Anestesia magnética

El flujo de la corriente eléctrica es simplemente el paso de electrones, y un campo magnético hace que todos ellos giren en una dirección. El doctor Robert Becker llegó a la conclusión de que un campo magnético bastante fuerte colocado en ángulo recto a la "corriente" de acupuntura de un animal lo anestesiaría magnéticamente e impediría el flujo de electrones. El doctor Becker cogió algunos sapos y salamandras, los colocó entre los polos de un imán para que la corriente que normalmente fluye en ellos de la cabeza a la cola, estuviera en ángulo recto en relación con el campo magnético. Los animales quedaron anestesiados y la lectura de sus EEG no mostró ninguna diferencia con los generados bajo anestesia inducida con sustancias químicas.

Tratamiento del estrés con electro-acupuntura

El doctor Saul Liss, asesor de MEDIConsultants Inc. de Paterson, Nueva Jersey, ha investigado los puntos craneales y de acupuntura en colaboración con Norman Shealy del Instituto Shealy de Springfield, Missouri. En el décimo congreso sobre el estrés que se celebró en Montreux en 1999, informó sobre un estudio acerca de la neurotensina, que es una poderosa sustancia neuroquímica producida en el hipotálamo. Aplicando electro-acupuntura en 13 diferentes puntos de acupuntura cinco días a la semana, cinco minutos cada vez, y midiendo los niveles de neurotensina antes y después, observaron que los niveles se incrementaban de manera significativa con el tratamiento de electro-acupuntura, mostrando los sujetos que participaron en la investigación una marcada reducción del estrés y la depresión. El trabajo precursor de Luo, Meng y sus colegas realizado en Japón en 1988 también demostró que para tratar enfermedades depresivas, la electro-acupuntura era tan efectiva como el medicamento amitriptilina.

Desarrollo de tratamientos

Diferentes aparatos existentes en el mercado aplican frecuencias electromagnéticas alternantes en los puntos de acupuntura, para el tratamiento de padecimientos tan diversos como el dolor de cabeza, la migraña y los dolores musculares, artríticos y reumáticos, además del dolor provocado por la amputación de un miembro. En algunas investigaciones se ha demostrado que el tratamiento con imanes sobre los puntos de acupuntura da resultados favorables.

Este campo es tan nuevo que muchos tratamientos se están todavía desarrollando, por lo que es importante recurrir a un acupuntor calificado. Una vez hayamos aprendido la técnica, podremos aplicarnos el tratamiento en casa.

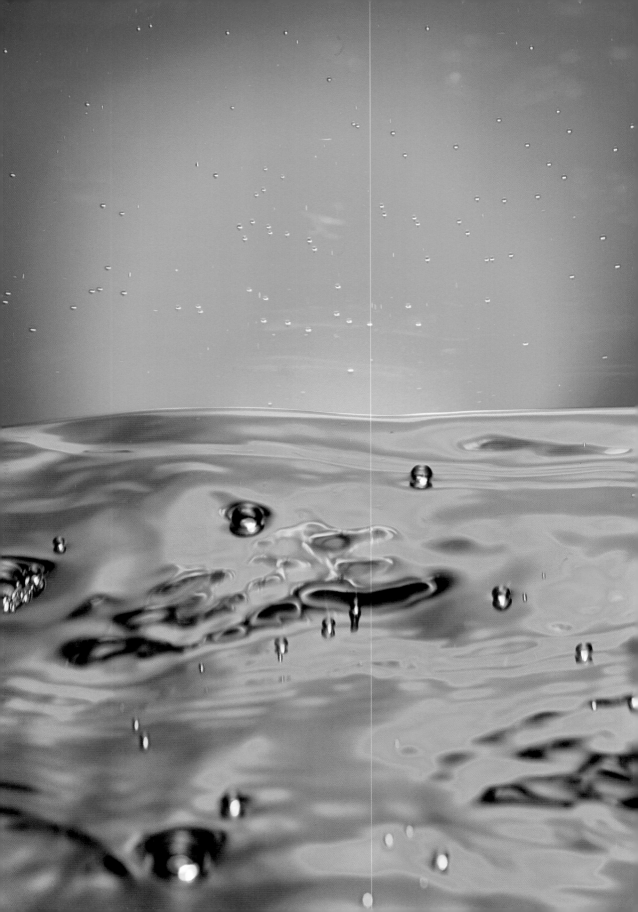

agua magnetizada

Beber agua magnetizada todos los días es introducir en nuestro organismo la fuerza de los imanes.

Si es posible, debemos utilizar agua no ionizada (como la que se usa en las baterías de los coches), pero no hay que utilizar agua destilada. También se pueden lograr resultados favorables con agua corriente. Es necesario ponerla en un recipiente limpio de cristal, cerámica o acero inoxidable. Se puede tratar hasta un litro a la vez siguiendo estas instrucciones. Se deberá utilizar un imán lo más potente posible, hasta un máximo de 10.000 gauss.

Método

Ponga los dos imanes en las paredes del recipiente, uno frente al otro, con los polos opuestos hacia dentro. Sabremos cuáles son los polos opuestos, porque se atraerán entre sí. Podemos sujetarlos con cinta adhesiva. También es posible, simplemente, situar un imán debajo del recipiente de agua.

El agua deberá permanecer expuesta al magnetismo durante un mínimo de 30 minutos, aunque es preferible dejarla toda la noche.

Se pueden adquirir jarras magnéticas patentadas que funcionan según los mismos principios y magnetizan el agua en 30 minutos (ver la sección de recursos en la página 120). Tras retirar los imanes, el efecto magnético se mantendrá en el agua solamente si se protege contra campos magnéticos artificiales, como pueden ser los procedentes de los

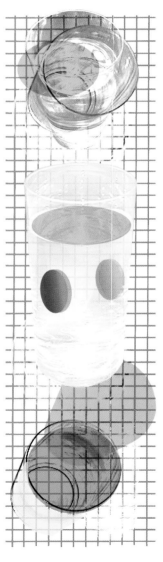

electrodomésticos. Por ello, es mejor beberla recién magnetizada; por ejemplo, por la mañana si se ha expuesto al magnetismo durante la noche. Se deben tomar entre 300 y 500 mililitros cada día. El agua magnetizada es buena para todo el mundo y se puede beber al natural o agregarle zumo de fruta o alguna otra bebida. Hay quien asegura que mejora el sabor de los zumos o incluso del whisky escocés. Si la calentamos o hervimos, eliminaremos el efecto de los imanes; por lo tanto, debemos beberla fría.

No hay que usar agua magnetizada para tomar medicamentos u otros fármacos, puesto que existen evidencias de que los imanes potencian los efectos de los medicamentos en el organismo y se podrían producir efectos superiores a la dosis recomendada (ver página 82).

Caso

Dick Wicks de Glenhuntly, Victoria, padeció dolor crónico a causa de la gota durante 20 años. Por consejo de un especialista de Pekín, comenzó a beber agua magnetizada todos los días. Desde el primer día de su tratamiento, no sufrió ni un solo ataque de gota más, y después de dos años, en sus análisis sanguíneos se observó que sus niveles de ácido úrico (que son elevados en pacientes con gota) habían vuelto a la normalidad.

El señor Wicks tiene ahora una próspera y arraigada empresa dedicada a la magnetoterapia en Australia y ha creado un tipo de jarra magnética, conocida como jarra Wicks, para magnetizar agua, entre una amplia variedad de productos magnéticos.

Caso

Dan Watt, Cecilia Rosenfelder y sus colegas de la Universidad George Mason en Virginia, investigaron el uso del agua magnetizada para prevenir la acumulación de placas bacterianas en los dientes. Es bien sabido que los imanes pueden reducir la acumulación de sarro en las tuberías (ver página 35). Estos científicos tuvieron la brillante idea de que se podía aplicar este mismo principio en el caso de la higiene bucal.

Diseñaron un estudio de control doble-ciego con 64 aparatos de irrigación bucal Hydrofloss, diseñados para incluir un elemento magnético. Sin que los sujetos que participaron en el estudio se dieran cuenta, este elemento fue retirado de la mitad de los aparatos. Posteriormente se entregaron los irrigadores a 54 pacientes con intensa acumulación de placa.

Los resultados mostraron que la formación de placa bacteriana y cálculos se vio reducida de manera importante en los pacientes que usaron el irrigador con el aparato magnetizador, en comparación con los sujetos de control.

Beneficios para la salud derivados del agua magnetizada

Aunque son pocas las investigaciones que se han hecho sobre los saludables beneficios derivados del consumo de agua magnetizada, las evidencias anecdóticas muestran que realmente tiene efectos importantes sobre el bienestar general y también sobre padecimientos y dolores comunes.

Con la exposición del agua a un campo magnético, las moléculas del agua se alinean en un orden más preciso. Al consumirla, se cree que este ordenamiento molecular permite a las células del organismo absorber mejor los nutrientes, a través de los líquidos acuosos existentes en los tejidos del cuerpo, y eliminar con más eficacia los productos de desecho. Por ello, las células disponen de más energía que el cuerpo aprovecha en las áreas donde sea más necesaria.

Mayor vitalidad	Como al parecer las células funcionan con más eficiencia, la vitalidad general mejora aproximadamente un mes después de beber agua magnetizada todos los días.
Alivio del dolor lumbar	La mayor eficiencia celular proporciona más energía a los músculos cansados, por lo que sostienen mejor el esqueleto y los dolores de espalda desaparecen.
Mejor circulación	El corazón late mejor y la sangre circula con mayor eficiencia a través de las venas y las arterias, por lo que se normalizan los problemas de tensión.
Higiene bucal	El agua magnetizada disminuye la acumulación de placa bacteriana en la boca –ver el caso detallado a la izquierda.
Problemas intestinales	Los problemas gastrointestinales, como el estreñimiento y la diarrea, tienden a normalizarse.

la influencia de los imanes sobre el agua

Mucho se ha dicho sobre los beneficios que el agua magnetizada aporta a la salud. ¿Pero cuál es su funcionamiento?

El agua potable natural está ligeramente magnetizada por el campo magnético de la Tierra y es eléctricamente neutra. Sin embargo, el agua que llega a nuestra casa a través de las tuberías ha sufrido «daños» a nivel de sus electrones, debido a que la fricción entre el agua y los tubos desprende electrones (ver página 32) además de estar expuesta a campos eléctricos alternos aislados. También se le agregan sustancias químicas, como cloro, para purificarla y en algunas partes flúor. ¡No estamos bebiendo un líquido muy saludable! Por ello, no es de sorprender que tanta gente comience a tomar agua de manantial embotellada.

Durante más de 10 años, los japoneses han bebido agua magnetizada para ayudar a controlar la hipertensión y la diabetes. En su libro *Magnet Therapy*, el doctor Paul Rosch sostiene que, cuando el agua pasa por un campo magnético, los iones de hidrógeno y los minerales disueltos en ella, se cargan y contribuyen a la aglomeración de las moléculas del agua. Con esto se mejora el sabor del líquido vital y se hace menos duro. Otras cosas que se dicen acerca del agua magnetizada es que purifica la sangre, reduce el exceso de colesterol, disuelve los cálculos renales y, en general, ayuda a mantener la salud.

Efectos biológicos del agua magnetizada

¿De qué manera los campos magnéticos pueden influir tanto en el agua como para hacerla un producto terapéutico? Sobre esto existen muchas especulaciones e hipótesis, pero una cosa es cierta: el agua puede almacenar energía eléctrica y, posteriormente, volverla a emitir. El patrón de esa energía puede ser favorable o adverso para nuestros propios campos naturales. Como ya vimos en el capítulo 2, por lo general los campos eléctricos alternos tienen efectos perjudiciales sobre los seres vivos. En consecuencia, es importante que los campos eléctricos del agua potable sean compatibles con los campos eléctricos endógenos.

Caso

En la Universidad hindú de Benarés, un grupo de expertos encabezado por K. y Subas Rai publicó un experimento en la revista especializada *Electro- and magneto biology* en 1998. Tras evaluar la eficacia de un pesticida, endosulfán, usado para exterminar pulgones, una parte del insecticida se mezcló con agua previamente tratada mediante su exposición a un campo magnético de 3.000 gauss y otra con agua normal. Las soluciones de insecticida previamente tratadas tuvieron efectos insecticidas estadísticamente más significativos que las demás muestras de control. Todo parece indicar que el agua magnetizada hizo mucho más efectivo al insecticida.

El profesor Emilio del Giudice, de la Universidad de Milán, ha sugerido el concepto de super-radiación para explicar cómo el agua magnetizada podría tener un efecto biológico superior al del agua normal. En esta última, las moléculas están enlazadas de una forma bastante aleatoria, mientras que en el agua magnetizada las moléculas se alinean con el campo magnético. Esta estructura más ordenada la pueden aprovechar mejor las células del organismo en la absorción de los nutrientes y en la eliminación de los productos de desecho. Por tanto, al magnetizarla, la preparamos para el cuerpo.

Mikhail Zhadin y Vadim Novikov son físicos del Instituto de Biofísica Celular en Pushchino en la región moscovita. Junto con Frank Barnes, ingeniero eléctrico de la Universidad de Colorado, realizaron en 1998 un experimento poco común. Agregaron algunos aminoácidos al agua y luego la expusieron a determinadas frecuencias extremadamente bajas (FEB) y simultáneamente a un campo magnético estático. Al activar la frecuencia para hacer resonar los aminoácidos (frecuencia conocida como resonancia iónica ciclotrónica), súbitamente el flujo de la corriente eléctrica en el agua se incrementó. El experimento no funcionó sin el campo magnético estático.

La frecuencia necesaria para acelerar la conductividad dependía totalmente de la fuerza del campo magnético. Esto sugiere que la aplicación de un campo magnético estático puede influir en la conductividad del agua, con lo que se mejoran los procesos de señalización. Si el agua magnetizada puede transmitir al organismo sus recuerdos de los campos a los que ha sido expuesta con anterioridad, el mismo efecto puede ocurrir a nivel celular.

tratamiento de plantas

Las técnicas para aplicar electricidad y magnetismo a las plantas tienen ya una larga historia.

En la Francia del siglo XVIII, el abad Jean Antoine Nollet, maestro de física del heredero al trono, creía que la «electrocultura» ayudaba a que las plantas crecieran más rápido. En su tratado, publicado en 1754, se describía la forma en que este hombre usaba alambres de metal para conducir electricidad atmosférica a la tierra de las plantas en macetas metálicas, basándose en sus observaciones de que el crecimiento de las plantas aumentaba cuando caía un relámpago. Nollet aseguraba que estas plantas tratadas crecían más rápido que las demás.

En 1770, el profesor Gardini colocó alambres electrificados sobre su huerto en Turín, con la esperanza de mejorar sus cultivos. Pero el reconocimiento se lo llevó otro clérigo, el abad Bertholon, quien convenció a su jardinero de que regara las plantas con una regadera electrificada, con lo cual cosechaba lechugas gigantes. El tratado de Bertholon, *De L´electricité des Végetaux*, fue la primera obra sobre electrocultivos. Bertholon inventó un «electrovegetómetro» que captaba electricidad atmosférica mediante una antena y la transmitía a través de un conductor a las plantas de su campo.

Más recientemente, en 1975, G.H. Sidaway describió algunos de sus primeros experimentos con electrocultivos en la revista especializada *Journal of Electrostatics*. Incluyó la técnica de la «descarga aérea artificial», introducida en 1885 por el profesor Lemstrom, de la Universidad de Helsingfors, a quien le intrigaba el rápido crecimiento de las plantas durante los cortos veranos de latitudes altas. Este profesor llegó a la conclusión de que ello se debía al entorno eléctrico, y sus estudios prácticos confirmaron sus hipótesis, publicadas en 1902 en el libro *Elektrocultur*.

A principios del siglo XX el Ministerio de Agricultura del Reino Unido realizó un sinnúmero de pruebas para comprobar si era posible mejorar las cosechas mediante el uso de corriente eléctrica. Al parecer las pruebas tuvieron éxito, pero los resultados no se dieron a conocer y el proyecto fue abandonado de manera misteriosa. Sin embargo, esta idea floreció. Dos fascinantes libros describen con detalle este método: *The Secret Life of Plants* («La vida secreta de

Caso

Alexis Zrimec del Laboratorio Bion de Ljubljana, en Eslovenia, informó en 1998 que al regar semillas con agua magnetizada se incrementa su índice de germinación. Además, observó que el desarrollo de las semillas se podía ver afectado si se regaban con agua expuesta a campos eléctricos alternos.

Antenas paramagnéticas

Philip Callahan es un científico agrícola estadounidense que en los últimos años ha colaborado con el Departamento de Agricultura de su país y es además profesor de entomología en la Universidad de Florida en Gainsville. Este experto está convencido de que las antiguas torres circulares de Irlanda son antenas que recibían radiaciones atmosféricas de frecuencia infrarroja procedentes del espacio exterior, difundiendo energía magnética y canalizándola para ayudar al desarrollo de las plantas. La piedra caliza, el basalto y la arenisca usadas en la construcción de estas torres son materiales paramagnéticos, es decir, susceptibles a los campos magnéticos y pueden además almacenarlos.

las plantas») y *The Secrets of the Soil* («Los secretos del suelo»), de Christopher Bird y Peter Tompkins.

También se tienen informes en el sentido de que la exposición a campos eléctricos y la radiación pueden dañar las plantas. En diversos estudios realizados en Letonia en 1996, sobre los efectos de las ondas de radio de alta densidad de un sistema de vigilancia, se informó sobre daños genéticos en los árboles de un bosque de coníferas y en la lenteja de agua, que en la zona expuesta comenzó a crecer con las raíces hacia fuera. En los informes de Hearsay se asegura que durante la Guerra Fría los bosques cercanos a las emisoras de radar en la frontera de Alemania Oriental fueron devastados por los efectos de las microondas. Hasta que entendamos mejor los mecanismos que intervienen en este fenómeno sería aconsejable no aplicar corrientes eléctricas directamente a las plantas de nuestra casa ni ponerlas cerca de fuentes de campos eléctricos, como televisores y otros electrodomésticos (ver el capítulo 2).

Cómo usar los campos magnéticos

También se ha aplicado el magnetismo a las plantas regándolas con agua magnetizada o aplicándoles campos magnéticos. En 1960, mientras investigaba los efectos de la gravedad sobre las plantas, L.J. Audus, profesor de botánica en la Universidad Bedford de Londres, observó que las raíces eran sensibles a los campos magnéticos. Su trabajo precursor publicado en la revista *Nature* «Magnetotropism, a new plant growth response» introdujo a otros en el tema, como Krylov y Tarakanova, quienes demostraron que los tomates maduran más rápido cerca del polo sur de un imán.

Algunas de las innovaciones sobresalientes en cuanto a la aplicación de los campos magnéticos empiezan ahora a salir al mercado. Abe Liboff y sus colegas de la Universidad de Oakland han desarrollado una pequeña "caja negra" que aplica determinados campos magnéticos a plantas de ornato valiosas, como las orquídeas, las cuales necesitan varios años para germinar, en condiciones de esterilidad y algunas florecen sólo 12 años después, por lo que acelerar este proceso puede ser comercialmente importante.

El mecanismo existente dentro de dicha caja negra detecta la fuerza del campo magnético de la Tierra y emite una frecuencia magnética artificial para incrementarla y crear así la frecuencia necesaria para la resonancia de los iones que nutren a las plantas. Cuando esto sucede, aumenta en las plantas la absorción de nutrientes y varios estudios han demostrado que su desarrollo se ve estimulado de manera importante. Se ha patentado ya un aparato en miniatura, para su venta comercial.

Agua magnetizada para las plantas

Ante la falta de más investigaciones en este prometedor campo no puedo garantizar que el uso de agua magnetizada estimulará el desarrollo de las plantas. Sin embargo, teniendo en cuenta los beneficios que aporta al ser humano, parece que vale la pena experimentar en este sentido.

Hay que seguir las instrucciones para magnetizar agua que aparecen en la página 110, usar agua de lluvia mejor que del grifo, y regar con ella las plantas de interior. La germinación resultará especialmente beneficiada. Para magnetizar cantidades mayores de agua, es necesario colocar un imán de neodimio en el depósito que recoge el agua de lluvia. Se deberá usar un imán con la mayor fuerza posible, de hasta 10.000 gauss. Además, hay que asegurarse de que el depósito no esté cerca de instalaciones eléctricas, como líneas, transformadores o medidores de corriente, para que no resulte expuesto a campos eléctricos alternos.

Para regar plantas del jardín, se pueden colocar imanes alrededor de la manguera. Podemos usar los mismos que se venden para proteger las tuberías de la acumulación de sarro. Además de ayudar a magnetizar el agua, estos imanes mantendrán en solución los iones nutritivos que necesitan las plantas (calcio, potasio, etc.), siendo así más fáciles de asimilar por ellas.

tratamientos para animales

Actualmente la magnetoterapia para el tratamiento de los animales es ampliamente aceptada.

Muchas personas han decidido usar imanes para tratar sus propios males después de ver los positivos efectos que han tenido en sus animales caseros. Aún se están descubriendo sus aplicaciones, pero cuando parezca no existir otra alternativa, no debemos tener miedo a probar, o bien podemos consultar a un magnetoterapeuta. En cuestión de días notaremos si ha habido alguna mejoría.

Siempre hay que consultar al veterinario antes de intentar tratar a un animal, puesto que si el problema no es diagnosticado correctamente le podemos causar más daño que beneficio.

• los caballos

Ahora es muy común tratar a estos animales con imanes, especialmente a los caballos de carreras, en los que una luxación o un problema articular, puede implicar pérdidas de dinero o de premios. Las empresas especializadas en la venta de imanes para caballos tienen una amplia variedad de productos, pero se pueden lograr resultados sin gastar tanto dinero, con imanes normales de neodimio adheridos con vendas. Es necesario recordar que los caballos se mueven y son muy activos, por lo que habrá que mantenerlos en el establo durante la noche, lo cual nos facilitará también controlar los imanes que se hayan descolocado.

Parásitos

Imanes que se deben usar: de 4.000 gauss

Es necesario desparasitar a los caballos por lo menos cada tres meses y el tratamiento habitual, con polvo de piperacina puede resultar muy costoso. Además, todos los años hay que cambiar el tratamiento para evitar problemas intestinales. Para eliminar los parásitos, se deben aplicar imanes en el cincho de la silla, mantenerlos en su sitio con una arandela de hierro al otro lado del cincho y dejarlos por la noche durante algunas semanas.

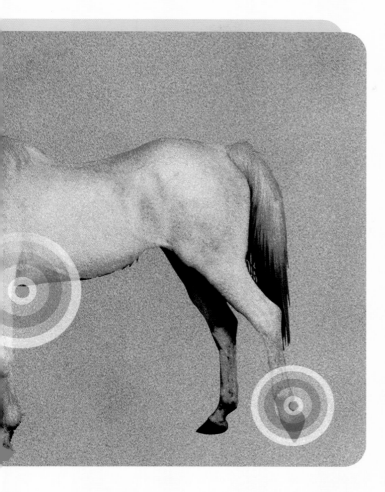

Laminitis

Imanes que se deben usar: de 1.000 gauss

Este problema, bastante común, suele deberse a que los animales pastan en campos siempre húmedos, disminuyendo el flujo de sangre hacia los cascos, al igual que el suministro de oxígeno. A causa de ello esa parte se reblandece, se vuelve esponjosa y provoca dolor.

Se deben colocar los imanes en la parte posterior del casco. Se pueden mantener en su sitio con una media elástica o con una venda o un calcetín preparado con los imanes dentro, (véase la sección de recursos en la página 120). Hay que dejar los imanes algunas horas durante el día o por la noche y seguir con el tratamiento hasta que se supere el problema.

Caso

En un estudio que se publicó sobre la laminitis patrocinado por Norfield, casa proveedora de imanes para caballos, un grupo de investigadores utilizó una técnica denominada *scintigrafía* para medir la eficacia de los imanes estáticos aplicados en la herradura. Esta técnica implica la inyección de una sustancia radioseñalada en el torrente sanguíneo y la toma de placas de rayos X del casco para ver el sitio hacia dónde ha fluido la sustancia radioactiva. Los caballos expuestos a imanes estáticos de 1.000 gauss durante algunas semanas mostraron una mejoría importante en la circulación sanguínea en los cascos tratados, a diferencia de los animales de control no tratados.

Dislocaciones

Imanes que se deben usar: de 4.000 gauss

Hay que colocar el imán durante la noche en la articulación afectada con una venda o protector para patas, hasta que se cure la lesión.

• perros y gatos

Las enfermedades comunes en los animales de la casa son un reflejo de nuestros propios males, básicamente por la falta de ejercicio y el sedentarismo, que provocan problemas artríticos y circulatorios. Estos animales también pueden sufrir efectos adversos debido a la exposición a campos eléctricos, como nosotros. ¿Cuántas veces hemos observado que el lugar que hemos elegido para la canasta del perro o el gato no es aceptado por el animal, que se echa a dormir en otra parte?

Parece que los gatos, a diferencia de los perros, prefieren los lugares ligeramente "eléctricos", pero los campos demasiado fuertes pueden ser peligrosos. Debemos evitar colocar a nuestros animales junto a aparatos eléctricos, como calentadores o radiadores eléctricos, aunque el lugar parezca tibio y acogedor.

Es difícil poner imanes a estos animales y ellos pueden aprender a quitárselos, si no los fijamos de un modo adecuado. Lo más sencillo es hacer o comprar una chaqueta que se cierre por debajo y colocársela al animal. Debemos fijar los imanes en la chaqueta con una arandela de hierro al otro lado de la tela.

Artritis
Imanes que se deben usar: de 750 gauss

Se deben poner los imanes por la noche, en el área afectada, por espacio de hasta una semana. Generalmente observaremos una importante mejoría en este periodo. Si no podemos colocar los imanes en la zona afectada, también conseguiremos resultados favorables poniéndolos en el collar.

Caso
Mi perra collie padecía dolores artríticos, por lo que le puse un imán en el collar por la noche. A la mañana siguiente de su primer tratamiento, me horroricé al ver la extraña posición en que tenía doblado el pescuezo. Me invadió una sensación de pánico, hasta que me di cuenta de que el imán se había adherido a un soporte metálico existente debajo de la puerta. Moraleja: quizás nos suceda lo mismo al pasar junto al frigorífico llevando un imán potente.
Sin embargo, el tratamiento para la artritis dio resultados favorables. En el transcurso de una semana la perra podía moverse mucho más, a juzgar por la forma en que saltaba cuando le decía que íbamos a salir, prueba burda pero efectiva.

Parásitos

Imanes que se deben usar: cuatro de 750 gauss

Generalmente, los parásitos se comba-ten con polvos de piperacina y es nece-sario desparasitar a todos los animales cada tres o seis meses, lo cual puede resultar bastante costoso. Debemos poner cuatro imanes en la parte frontal del abdomen del animal durante la pri-mera noche, luego pasarlos a la zona central la segunda noche y, por último deslizarlos a la zona inferior la tercera. Este tratamiento puede provocar un poco de diarrea. Para obtener óptimos resulta-dos, también hay que dar de beber al gato o al perro agua magnetizada.

Fracturas

A veces las fracturas no se curan bien, especialmente durante la gestación, cuando el feto absorbe el suministro esencial de calcio de la madre. Los campos electromagnéticos pulsantes que imitan la acción piezoeléctrica del propio hueso pueden ayudar en el pro-ceso de sanación. Existen algunas empresas que fabrican aparatos para este tipo de tratamiento, pero siempre deben ser utilizados bajo la supervisión de un veterinario.

Caso

Un caballo dio una coz a la perra lur-cher de un amigo mientras esperaba a sus cachorros y la fractura no sanaba. Le di un aparato pulsador con una fre-cuencia de 50Hz para que le fuera adherido con una venda a la pata durante 30 minutos todos los días y el veterinario también le recetó suplemen-tos adicionales de calcio. Finalmente, los huesos lograron soldarse.

recursos
Bibliografía

Baker, Douglas
Biomagnetism
De la Warr Laboratories, 1972

Bansal, Dr. H.L.
Magnetotherapy Self Help Book
B. Jain Publishers, New Delhi, India, 1989

Bansal, Dr. H.L.
Magnetic Cure for Common Diseases
Vision Books, 1984

Barnothy, Madeleine
Biological Effects of Magnetic Fields
Plenum Press Inc. New York, 1964

Bengali, Neville S.
Magnet Therapy Theory and Practice
B. Jain Publishers, New Delhi, India, 1995

Berthon, Simon; Robinson, Andrew
The Shape of the World
Guild Publishing, 1991

Burke, Abbot G.
Magnetic Therapy: healing in your
hands
Devorss & Co. 1987

Callahan, P.
Ancient mysteries, modern visions: the
magnetic life of agriculture
Acres, USA. Kansas City, MO, 1984

Coghill, Roger (editor)
Proceedings of 1st World Congress in
Magnetotherapy
Coghill Research Laboratories, 1997

Coghill, Roger
Something in the Air
Coghill Research Laboratories, 1997

Collinsn, Gayel
Magnets Restore Health
Desk Top Publishing
Tauranga, New Zealand, 1994

Davis, Albert Roy
The Magnetic Blueprint of Life
Acres, USA, Kansas City MO, 1979

De venta en:
ARD Research Laboratory
520 Magnolia Avenue
Green Cove Springs
Florida 32043, USA
Tel. 1-904 264 8564

Davis, Albert Roy; Rawis, Walter C.
The Magnetic Effect
Acres, USA. Kansas City, MO, 1975.
De venta donde el anterior

Davis, Albert Roy; Rawls, Walter C.
Magnetism and its effects on the living
system
Acres, USA. Kansas City, MO, 1976.
De venta donde los anteriores

Downing, Dr. Damien
Daylight Robbery: the importance of
sunlight to health
Arrow Books Ltd. 1988

Gilbert, William
De Magnete
Dover Publications, 1991

Gordon, Rolf
Are you sleeping in a safe place?
Dulwich Health, 130 Gipsy Hill, London
SE19 1PL, 1988

Hannemann, Prof Holger
Magnet Therapy: balancing your body's
energy flow for self-healing
Sterling Publishing Company, 1990

Jerabek, Jiri; Pawluk, William
Magnetic Therapy in Eastern Europe:
a review of 30 years of research
William Pawluk, 1998

Morris, Noel C
The Book of Magnetic Healing and
Treatments
Redwing Book Co. Brookline, MA 02136

Null, Gary
Healing with Magnets
Constable Robinson, 1998

Payne, Buryl
The Body Magnetic
Psychophysics, 1992

Philpott, William H.; Taplin, Sharon
Biomagnetic Handbook: a guide to
medical magnets
Enviro-Tech Products, 1990
En el Reino Unido impreso por
Health Vitalics, Great Bookham, Surrey

Rinker, Fred
The Invisible Force: traditional magnetic
therapy
Mass Market Pubs, 1997
De venta en: Mason Service Publishing
CP 27106. London, Ontario, Canada
N5X 3X5
Tel. 1-519 660 0491

Rosh, Paul; Lawrence, Ron; Plowden,
Judith
Magnet Therapy: the pain cure alternative
Prima Health Publishing, California, 1998

Santwani, Dr. M.T.
The Art of Magnetic Healing
B. Jain Publishers, New Delhi, India 1986

Schul, Bill D
The Magnetic Connection
Insights Productions. Winfield, KS67156

Smyth, Angela; Thompson, Chris
Seasonal Affective Disorder: who gets
it, what causes it, how to cure it
Thorsons, 1992

Walls
Magnetic Field Therapy:
balancing your energy field
New Leaf Distribution Company, 1993

Washnis, George J; Hricak, Richard Z
Discovery of Magnetic Health
Nova Publishing Corp. Rockville,
Massachussetts, 1993

Whitaker, Julian; Adderly, Brenda
The Pain Relief Breakthrough: the
power of magnets
Little, Brown and Co. 1998

referencias científicas

AKOYUNOGLOU, G
Efect of a magnetic field on car-
boxydismutase.
Nature 1964, 202 452-454

ARYSHENSKAYA, A M;
OSIPOV, V.V. et al
The clinical use of magnetic fields.
Ishevsk 1977, pp. 64-65

AUDUS, LJ
Magnetotropism: a new plant-
growth response.
Nature 1960, 185:132

BARNOTHY, M
Influence of magnetic fields upon
the development of tumors in
mice.
Proc. 1st. Natl. Biophysics Conf.
Columbus, OH March 1957 p735
Quastler & Morowitz eds. Yale
Univ. Press, New Haven 1959

BASSETT, CA; BECKER, RO
Generation of electric potentials in
bone in response to mechanical
stress.
Science 1962, 137: 1063

BASSET, CAL et al.
The effect of PEMFS on cellular
calcium and calcification of non-
unions. En: Electrical properties of
bone and cartilage: experimental
effects and clinical applications.
(Eds. C.T. Brighton, J. Black, SR
Pollack) Grune & Straton, New
York
1979, pp. 427-441

BECKER, G
Communication between termites
by means of biofields and the
influence of magnetic and electric
fields on termites. En:
Electromagnetic bioinformation.
(Popp, Warnke et al. eds) Urban
and Schwarzenberg, Munich,
1989. pp. 116-127

BECKER, R O; SELDEN, G
The body electric. Wm Morrow
(Quill) Publishers, NY 1985 pp.
223-236

BELLOSSIA; SUTTER-DUB, M T
et al.
Effects of constant magnetic fields
on rats and mice: a study of
weight. Aviat. Space Environ Med
55(8) 725-730

BENEDIKT, M
Zur Magnetotherapie. Wiener
medizinische Blatter 8 (37)
1117-1121 Sept. 1895

BERGER, H
Über das Elektrenkephalogram
des Menschen. First Report
Arch für Psychiatr. &
Nervenkrankenheit 1929,
87 527-570

BLAKEMORE, RP
Magnetotatic bacteria
Science (Washington) 1975
190: 377-379

COGHILL, RW; GALONJA-
COGHILL, T
Effects of RF/MW radiations at 1.8
GHz on human peripheral blood
lymphocyte viability. Octubre 2000
Procs. of Int. Conference
St. Petersburg (en prensa)

DEL GIUDICE, E; DOGLIA,
S et al.
Structures, correlations and elec-
tromagnetic interactions in living
matter: theory and practice.
En: Biological coherence and
response to external stimuli (ed.
Frohlich) Springer, 1988 pp. 49-65.

DOLK, H; SHADDICK, G et al.
Cancer incidence near radio tele-
vision transmitters in GB
Amer. J Epidemiol, 1997, 145: 1-9

ECKERT, E
Plötzlicher und unerwateter Tod in
Kleinskindesalter und elektromag-
netische Felder.
Med. Klin. 1976, 71:1500-1505 (37)

ESPINAR, A; PIERA, V et al.
Histological changes during
development of the cerebellum in
the chick embryo exposed to a
static magnetic field.
Bioelectromagnetics
J. 1997, 18: 36-46

FARADAY, M
Experimental researches in elec-
tricity
Taylor and Francis, London,
Dover,
New York (reprint) 1855, realizado
1965

FEWS, AP; HENSHAW, DL, et al.
Increased exposure to pollutant
aerosols under high voltage
power lines.
Int. J. Radiat. Biol. 1999 75 (12).
1505-1521.

FULTON, JP; COBBS, S et al.
Electrical wiring configurations
and childhood leukemia in Rhode
Island.
Amer J. Epidemiol. 1980, 111:192.

GEORGE, MS et al.
Changes in mood and hormone
levels after rapid rate transcranial
stimulation of the prefrontal cor-
tex. J Neuropsychiatry Clin.
Neurosci. 1996. 8 (2):172-180

GERASIMOV, S
Geomagnetic fields and MS
Intl. J. Altern. Comp. Med.
Febrero
1999 pp. 22-25

GERASIMOV, S; COGHILL, RW
A double blind placebo-controlled
study assessing healing potential
for the platinum photon made gar-
ments in children asthma. Lviv
State Medical University
Publication Lviv, Ukraine, 1998.

GROSS, L
Bibliography of the biological
effects of static magnetic fields.
En: Biological effects of magnetic
fields. Barnoty M (ed) Plenum
Press, NY, 1964.

HANSEN, KM
Some observations with a view to
possible influence of magnetism
upon the human organism. Acta
Med. Scand. 1938, 97: 339-364

HARKINS, TT; GRISSON, CB
Magnetic field effects on B12
ethanolamine ammonialyase, evi-
dence for a radical mechanism.
Science 1994 263: 958-960.

HEFFERNAN, M
Effects of variable microcurrent on
EEG spectra and pain control
ISSSEEM, 1996. Véase también:
Measurement of electromagnetic
fields in the healing process.
Procs. 9th Int. Montreux Cong. on
Stress
Febrero 1997

HEY, J S
The radio universe. Pergamon
Press, Oxford 1971 pp. 132-143

HOLCOMB, R R; PARKER,
R A et al.
Biomagnetics in the treatment of
human pain, past, present and
future.
Environ Med. 1991a 8: 24-30

HOPE-SIMPSON, R E
Relationships of influenza pan-
demics to sunspots cycles (M.
Kingsbourn, W. Lynn Smith eds.)
Charles C. Thomas, Springfield,
Illinois, 1974

HOYLE, F; WICKRAMASINGHE,
N C
Sunspots and influenza
Nature 1990, 343: p 304

JERABEK, J et al.
Prakt. Lek. 1988, 68 (10) 389-390
and Prak. Lek. 68 (13):516-517

KALMIJN, A J
Electroperception in sharks and
rays
Nature, 1966, 212: 1232-1233

KALMIJN, A J; BLAKEMORE, RP
The magnetic behavior of mud
bacteria. En: Animal migration,
navigation and homing (eds
Schmidt-Koening and Keeton),
Springer Verlag Berlin, 1978. pp
354-355

KIRSCHVINK, J L; KIRSCHVINK,
A K; WOODFORD, B
Human brain magnetite and squid
magnetometry
Ann. Intl. Conf. of IEEE
Engineering in Medicine and
Biology Society
1990, 12(3):1089-1090

KOBLUK, C N; JOHNSTON, G R et al.
A scintigraphic investigation of magnetic field therapy on the equine third metacarpus
Vet. and Comp. Orthop. and Traumatol. 1994, 7: 9-13

KOMENDRIAN, V G
Reactions of biological systems on weak magnetic fields. Moscow, 1971, pp. 59-162

KRYLOV, AV; TARAKANOVA, G A
Magnetotropism in plants and its nature. Fiziol. Rasenii, 1960 7:191

LAI, H; SINGH, N
Acute low intensity microwave exposure increases DNA single strand breaks in rat brain cells.
Bioelectromagnetics J. 1995, 16: 207-210

LEMSTROM, S
Electricity in agriculture and horticulture, Electrician Publishing Co. London, 1904.

LIBOFF, A R
Cyclotron resonance in membrane transport. En: Chiabrera et al. (eds) Interaction between electromagnetic fields and cells. Plenum Press, London, 1985

LISS, S; CLOSSON, W J
Effects of magnetic stimulation on blood biochemicals. Int: Procs 9th Int. Montreux Congress on Stress. Montreux, Switzerland. Feb 1997.

MAGILL, W M et al
Recognition and treatment of depression in a family medical practice. J. Clin. Psychiatry 1983, 44: 3-6 and New Scientist 1 Agosto 1995

MOSLAVAC, S; MOSLAVAC, A et al.
Three years' clinical application of electromagnetic therapy on 1261 patients: commonly occurring conditions and patient interruptions. Procs. 1st World Congress on Magnetotherapy, London Mayo 1996. pp 79-83 (CRL publishers, Pontypool, Wales)

MYERS, A; CARTWRIGHT, R A et al.
Overhead power lines and childhood cancer.
Proc. Intl. Conf. Electric and Magnetic fields in medicine and biology
IEEE Conf. Pub. 1985, 257: 126-130

NAKAGAWA, K
Magnetic field deficiency syndrome and magnetic treatment. Japan Med. J. Dec. 4 1976 2745 National Council for Radiation Protection and Measurement (NCRP) draft document. Microwave News (julio/agosto 1995) vol 15 (4):1-11; 12-15.

NOVIKOV, V V; ZHADIN, M N
Combined action of weak constant and variable low-frequency magnetic fields on ionic currents in aqueous solutions of amino acids. Biophysics 1994, 39(1):41-45

OSIPOV, VV; BORSCHAR E L et al.
Use of magnetic fields in clinical medicine. Kuybyshev 1976, 63-64

RENO, V R; NUTINI, L G
Effect of magnetic fields on tissue respiration.
Nature, 1963, 196: 204-205

RUZIC, R; BERDEN, M et al.
The effects of oscilating EMFs on plants. Summary report. En: Procs. 1st. Int. Cong. on Effects of Electricity and Magnetism on the Natural World. Funchal, Madeira. Octubre 1998

SALFORD, L G; BRUN, A et al
Permeability of the blood brain barrier induced by 915 MHz. Electromagnetic radiation. Bioelectrochem. Bioenerg. 1993, 30:293-301

SCHUMANN, W O
Ueber die strahlungslosen Eigenschwingungen einer leitenden Kugel, die von einer Luftschicht und einer Ionosphäerenhüelle umgeben. ist. Z.f. Naturforschung 1954, 7a: 149-154

SHIMODAIR, K
The therapeutic effect of the magnetized mattress pad. Obstetrics and Gynecology. Tokyo, 1990

SIDAWAY, G H
Some early experiments in electroculture
J Electrostatics 1975, 1: 389-393

SINGH, N N; RAY, K K et al
Magnetically altered water enhances endosulfan insecticidal efficacy in mustard aphids. Electro and Magnetobiology 1998. 17(3): 415-419

SUPRUN, L Y; KHERKEVICH, S I
Use of magnetic fields and ultrasounf with therapeutic aim. Leningrad Univ. 1985, 79-82

TABLADO, L; PÉREZ-SÁNCHEZ, F et al.
Effects of exposure to static magnetic fields on morphology & morphometry of mouse epididymal sperm. Bioelectromagnetics J. 1998, 19(6): 377-383

VALLBONA, C; HAZLEWOOD, C F et al.
Response of pain to static magnetic fields in post-polio patients: a double blind pilot study. Arch. Phys. Med. Rehabil. 1997, 78 (11):1200-1203

VASILCHENKO, N P; BERLIN, Y V et al.
The use of magnetic fields in clinical medicine. Kuybyshev, 1976, pp. 27-29

WARBURG, O
On the origin of cancer cell. Science 1956, 123:309-315

WARNKE, U
Information transmission by means of electrical biofields. Electromagnetic bio-information Ed FA Popp Schwarzenberg, 1989

WATT, D L; ROSENFELDER, C et al.
The effect of oral irrigation with a magnetic water device on plaque and calculus.
J. Clin. Peridentol. 1993, 20:314-317

WERTHEIMER, N; LEEPER, E
Electrical wiring configurations and childhood cancer
Amer. J. Epidemiol. 1979, 109:273-84

WILTSCHO, W; MUNRO, U et al
A magnetic pulse leads to a temporary deflection in the magnetic orientation of migratory birds. Experimentia 1994, 50: 697-700

WU, J
Further observations on the therapeutic effect of magnets and magnetised water against ascariasis in children. J. Tradit. Chinese Med. 1989, 9 (2):111-112

YANG, A; OGURA, M et al
Effect of a modified magnetic field on the ocean migration of chum salmon. Onchorhyncus keta. First World Congress on the Effects of Electricity and Magnetism in the Natural World. Funchal, Madeira, 1998

YOUNG, S
Pilot study concerning the effects of extremely low frequency electromagnetic energy on migraine.

venta de imanes

La siguiente es una relación de compañías que fabrican y comercializan imanes y productos magnéticos. La mayoría de ellas conceden un periodo de prueba que oscila entre 30 y 90 días, durante el cual, en caso de no estar totalmente satisfechos con el producto, se puede devolver recuperando el dinero.

La variedad de los productos magnéticos terapéuticos y la diversidad de sus potencias es cada vez mayor. La potencia correcta para una determinada aplicación puede no ser la misma que para otra y los dispositivos individualizados suelen ser bastante caros; por ello, es conveniente elegir productos con una gama de aplicaciones lo más amplia posible. Se debe siempre averiguar la potencia de un imán antes de comprarlo, para saber así sus posibles aplicaciones, según se describe en el capítulo tres. Los Laboratorios de Investigación Coghill distribuyen series de dos o más imanes con separadores, con los que se pueden combinar una amplia gama de potencias.

Centre for Implosion
Research
PO Box 38
Plymouth PL7 5YX
Tel: 01752 345 552
Fax: 01752 338 569
implosionresearch@
compuserve.com
www.implosionresearch.com
Productos para contrarrestar la radiación electromagnética y para mejorar la calidad del agua.

Coghill Research
Laboratories
Lower Race
Pontypool
Gwent
NP4 5UH
Tel: 01495 763 389

Fax: 01495 769 882
enquiries@mag-lab.com
www.congreslab.demon.co.uk
Imanes de neodimio.
Monitores de campo y publicaciones sobre polución electromagnética y magnetoterapia.

Digital Health Research Ltd.
Suffolk Enterprise Centre
Felaw Maltings
44 Felaw Street
Ipswich
Suffolk IP2 8SJ
Tel: 01473 407 333
Fax: 01473 407 334
Info@aegis-health.com
www.aegis-health.com
Aparatos de terapia electromagnética para ayudar a recuperar el equilibrio energético natural.

D Jay Ltd
113 Pope Street
Birmingham
B1 3AG
Tel: 0121 236 2073
Fax: 0121 233 4516
info@acumed.co.uk
www.acumed.co.uk
Parches AcumedPatch para aliviar el dolor en seres humanos y en animales.

Dulwich Health
130 Gypsy Hill
London
SE19 1PL
Tel: 010 8670 5883
Fax: 020 8766 6616
www.dulwichhealth.co.uk
MagneTech

Ecoflow Ltd
21 Brunel Road
Saltash
Cornwall
PL12 6LF
Bioflow
Tel: 01752 841 661
Fax: 01752 841 044
www.ecoflow.ltd.uk
Productos magnéticos de curación para personas y animales

EmDI Ltd
Suffolk Enterprise Centre
Felaw Maltings
44 Felaw Street
Ipswich
Suffolk
IP2 8SJ
Tel: 01473 407 333
Fax: 01473 407 334
info@empulse.com
www.empulse.com
Empulse: aparato electromagnético calibrado individualmente.

Emsfield Magnetics
62 Clifton Vale Close
Clifton
Bristol
BS8 4PY
Tel: 0800 074 8753
Fax: 0117 958 5289
(Móvil) 07977 414 513
Magno-pulseMagnetic
Aparatos magnéticos diversos para personas y animales.

Robert Thurston
GateNet Telecommunications
Ltd
Peel House
Peel Road
Skelmersdale
Lancs
WN8 9PT
Tel: 01695 731 473
Tel: 01695 503 44
gatenet@compuserve.com
Raygard
Protección contra los teléfonos móviles.

Health Alternatives
Julia Flower
Lower Farm
St Margarets Road
Alderton
Tewkesbury
Gloucestershire
GL20 8NN
Tel: 01242 620 730
Distribuidor independiente de los productos Nikken

Health Alternatives
Nancy Blinkhorn
Potter's Way
Springfield Lane

Broadway
Worcestershire
WR12 7BT
Tel: 01386 853 686
Fax: 01386 854 843
blinkhorn@compuserve.com
Distribuidor independiente de los productos Nikken.

HoMedics (UK) Ltd.
19 Branksome Avenue
Prestwich
Manchester
M25 1AG
Tel: 0161 798 5876
Fax: 0161 798 5896
www.homedicsuk.com
Amplia gama de productos para la salud.

Philip Barker
Life-Energies Ltd
The Coach House
The Avenue
Odstock
Salisbury
SP5 4JA
Tel: 01725 513 129
Fax: 01722 349 468
lenergies@aol.com
www.life-energies.com
Aparato de retroalimentación bioenergética Skenar, para la curación de personas y animales.

Lifestyle Health Centres
The Links
73 Attimore Road
Welwyn Garden City
Herts
AL8 6LG
Tel/fax: 01707 323 868
tdalink@aol.com
www.lifestylehealthcentres.com
Protección para telefónos móviles.

Magna Jewellery
PO Box 338
Edware
Middlesex
HA8 8H2
Tel/fax: 020 8958 9719
Pulseras y collares magnéticos y collares para perros y gatos.

MAGNETYC
Steers farm
Pigstye Green
Willingale
Ongar
Essex
CM5 OQF
Tel: 01277 896 266
Plantillas, vendas para
deportistas, collares para
perros, etc.

MAGNETIC THERAPY LTD
Magnet House
Worsley
Manchester
M28 2PG
Tel: 0161 793 5110
Fax: 0161 728 5055
info@magnetictherapy.co.uk
www.magnetictherapy.co.uk
Catálogo con más de 150
artículos.

Magnopulse
Cromhall Farm
Easton Piercy
Chippenham
Wilts

Tel: 01179 710 710
Fax: 01179 720 720
mailbox@magnopulse.com
www.magnopulse.com
Productos magnéticos para
personas y animales.

Microshield
59 Southbury Road
Enfield
Middlesex
EN1 1PJ
Tel: 020 8363 3333
Fax: 020 8372 3232
microshld@aol.com
www.microshield.co.uk
Protección para teléfonos
móviles.

Mr Magnet Magnetic
Products
8 Flinders Court
Boronia Heights
QLD 4124
Australia
0061 (07) 3800 1242

Nikken Inc
Irvine
California
USA
Tel: 001 949 789 2000
www.nikken.com
Fundada en Japón hace 21
años, es en la actualidad una
de las compañías más
importantes de distribución
de productos magnéticos a
nivel mundial.

Norso Biomagnetics
Gloria Vergari & Associates
15 Cotswold View
The Hollow
Bath
BA2 1HA
Tel: 01225 314 096
Fax: 01225 316 397
norsouk@aol.com
Instrumentos para masaje
magnético y vendas magnéti-
cas

NRG Marketing
12 Station Road
Kenilworth
Warwickshire
CV6 1JJ
Tel: 01926 864 200
Fax: 01926 864 222
nrg@agentbase.co.uk
www.uni-tel.co.uk
Aparatos anti-radiación para
teléfonos móviles.

Powerwatch
2 Tower Road
Sutton
Ely
Cambs
CB6 2QA
Tel: 01353 778814
www.powerwatch.org.uk
Línea de información y con-
sejos 0897 100 800 con un
cargo de 1,50 libras por
minuto.
Venta y alquiler de diversos
aparatos de medición.

instituciones

American Institute of Stress
124 Park Avenue
Yonkers
NY 10703 USA
Tel: 1 914 963 1200
www.stress.org

Australian College of
Magnetic Therapy
PO Box 72
Inglewood 6052
Western Australia

The US Bioelectromagnetics
Society (BEMS)
William G Wisecup.
Executive Director
W/L Associates Ltd
7519 Ridge Road
Frederick, MD 21702-3519
Tel: 1 301 663 4252
Fax: 1 301 371 8955
www.bioelectromagnetics.org

British Biomagnetic
Association
The Williams Clinic
31 Marychurch Road
Torquay

Devon
TQ1 3JF
Tel: 01803 293 346
grahamgardener@biomag-
netics.freeserve.co.uk

British Complementary
Medicine Association
Kensington House
33 Imperial Square
Cheltenham
GL50 1QZ
Tel: 01242 519 911
Fax: 01242 22 77 65
info@bcma.co.uk
www.bcma.co.uk

British Institute of Magnet
Therapy
Coghill Research
Laboratories
Lower Race
Pontypool
Gwent
NP4 5UH
Tel: 01495 752122
BIMT@mag-lab.com

British School of Yoga
Stanhope Square
Holsworthy
Devon
EX22 6DF
Cursos de entrenamiento
para magnetoterapeutas

Council for Complementary
and Alternative Medicine
63 Jeddo Road
London
W12 98Q
Tel: 020 8735 0632

European
Bioelectromagnetics
Association
c/o Dr. Bernard Veyret
PIOM/ENSCOB
Université de Bordeaux 1
33405 Talence Cédex
France
Tel: 33 566 370 728

Guild of Complementary
Practitioners
Liddell House
Liddell Close
Finchampstead

Berkshire
RG40 4NS
Tel: 0118 973 5757
info@gcpnet.com
www.gcpnet.com

Institute for Complementary
Medicine
PO Box 194
London
SE16 1QZ
Tel: 020 7237 5165

The International
Commission of Non-Ionizing
Radiation
c/o Institute of Radiation
Hygiene
D-85764 Oberschleissheim
Ingolstadter Landstrassen 1
Deutschland

Magnetic Therapists
Association of Australia, Inc.
PO Box 72
Inglewood, 6052
Western Australia

índice

agradecimientos

Quiero dedicar este libro a mi querido padre.

Mi formación ha sido positivamente influenciada por las siguientes personas: Dr. William Ross Adey, Jiri Jerabek, Imants Detlavs, Sergei Gerasimov, Alasdair Philips, Simon Best, Cyril Smith, Paul Rosch, Martin Blank, Asher Sheppard y especialmente por la Sociedad Bioelectromagnética, cuyas reuniones anuales son siempre un poderoso estímulo. También doy las gracias a los miembros de la universidad Vanderbilt en Nashville, Tennessee y al Instituto St. Joseph de la universidad de Ontario Occidental, especialmente al Dr. Frank Prato y a sus colegas. Ninguno de ellos es responsable de los errores que este libro pueda contener y sus opiniones no forzosamente coincidirán con las mías. También estoy en deuda con la Enciclopedia Grolier, por la claridad y la concisión de su contenido.

Pip Morgan, Katherine Pate y sus colegas de Gaia merecen también mi reconocimiento por ser capaces de convertir en un libro mis, a veces, desenfocados escritos. Todos somos conscientes de que esta ciencia se está desarrollando ante nuestros ojos. La presente obra tan sólo ofrece una instantánea del momento presente; el futuro será sin duda infinitamente más amplio.

Por último, quiero agradecer a mi esposa Tamara todos los sacrificios que debió realizar para que yo pudiera concentrarme en escribir.